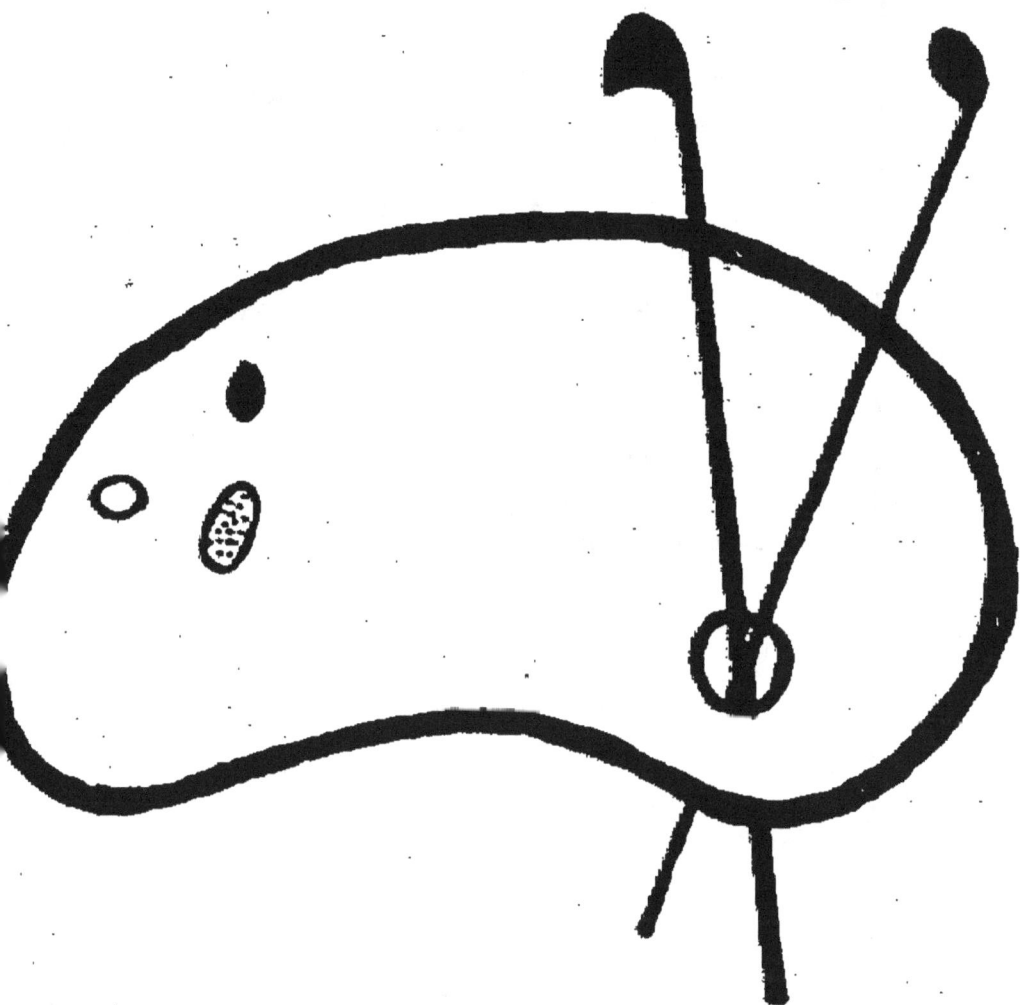

COUVERTURE SUPERIEURE ET INFERIEURE
EN COULEUR

MONOGRAPHIES COMMUNALES

DE

LA XAINTRIE

CANTONS

DE

SAINT-PRIVAT, MERCŒUR ET ARGENTAT

PAR

M. SAINT-BONNET

AVOCAT

Membre de la Société scientifique de la Corrèze (siège à Brive)

DEUXIÈME ÉDITION

1886

TULLE

IMPRIMERIE CORRÉZIENNE

36, Rue du Trech, 36

PRIX : 2 FRANCS

LA XAINTRIE

MONOGRAPHIES COMMUNALES

DE

LA XAINTRIE

CANTONS

DE

SAINT-PRIVAT, MERCŒUR ET ARGENTAT

PAR

M. SAINT-BONNET

AVOCAT

Membre de la Société scientifique de la Corrèze (siège à Brive)

———

DEUXIÈME ÉDITION

1886

TULLE

IMPRIMERIE CORRÉZIENNE

36, Rue du Trech, 36

———

PRIX : 2 FRANCS

Mon cher et très honoré Comte,

Le bienveillant empressement avec lequel vous avez agréé la dédicace de ma *Monographie de la Xaintrie* me fait espérer que vous recevrez avec bonté l'hommage de mon nouveau travail avec l'assurance de mon très respectueux et entier dévouement.

SAINT-BONNET,

Avocat, membre de la Société scientifique de la Corrèze (*siège à Brive*).

Sexcles, le 8 juillet 1885.

——

Paris, 9 juillet 1885.
12, Boissy-d'Anglas.

Mon cher Monsieur,

Je suis très heureux du succès de votre livre, mais je ne saurais rien ajouter, pour la deuxième édition, à ce que je vous ai écrit pour la première.

L. DE VALON.

P.-S. — Votre préface me paraît excellente.

PRÉFACE

L'éloge qu'ont fait de mon *Dictionnaire du Droit français*, les journaux de la Corrèze, de la Haute-Vienne et de Paris, où mon livre s'est vendu, en très peu de temps et fort cher, m'a déterminé à le refondre pour le mettre au courant des progrès de la science et de la législation et en faire un résumé concis, exact et complet de doctrine et de jurisprudence, bien qu'une si rude tâche ne soit pas du goût de mon âge, mais j'interromps, pour quelques jours, cet important travail qu'un des principaux libraires de Paris, M. Pédone-Lauriel, m'a réclamé, et je vais rééditer, en toute hâte, un opuscule d'actualité, qui fut aussi, dès son apparition, très favorablement accueilli :

En annonçant la première édition de ma *Monographie de la Xaintrie*, la presse du département disait que ce *travail, original et innovateur, renfermait les renseignements les plus utiles et souvent les plus curieux sur les hommes et les choses du pays*, et que la haute recommandation de MM. de Valon, de Lajonkaire, de Lasteyrie, Brunet et Victor Lefranc en assurait le succès.

Ce succès a dépassé toutes mes espérances. Le bienveillant accueil de la presse et du public m'impose l'obligation d'en publier une deuxième édition qui sera une œuvre nouvelle sur les hommes et les choses du jour, une histoire locale, spéciale.

Si, pour l'écrire avec toute l'exactitude désirable, je donne à ma plume une liberté nécessaire et permise, je ne me laisserai pas aller à des appréciations fantaisistes : je jugerai non par sentiment, mais par l'opinion du public, que je m'attacherai à faire connaître sans blesser les bienséances, ni froisser personne, pas même ces âmes chagrines bien plus enclines à critiquer et à blâmer, qu'aptes à bien penser et à bien faire, ni ces inhabiles à écrire qui se piquent d'être spirituels, et qui veulent qu'on abonde toujours dans leur sens.

Les faits louent bien mieux que la manière de les raconter ; je les exposerai.

Peints tels qu'ils sont, mes voisins n'auront pas à se plaindre,

J'ai foi entière en l'intelligence et en l'impartiale équité de mes lecteurs qui peuvent être certains, que je pense tout ce que j'écris et que je ne dis pas tout ce que je pense.

SAINT-BONNET,

Avocat, membre de la Société scientifique
de la Corrèze (*siège à Brive*).

Sexcles, le 8 juillet 1885.

En publiant cette préface, la presse ajoutait :

« Les publications de M. Saint-Bonnet ont toujours eu un caractère personnel très marqué et une saveur locale particulière qui empêchent de les confondre avec les œuvres banales et vulgaires. — Les hommages qu'il a dû obtenir ainsi, et qu'il rappelle avec opportunité, en disent plus que nous ne saurions le faire, signés qu'il sont de Valon, Favart, Victor Lefranc, etc.

» La double réédition, revue du *Dictionnaire de Droit* et de la *Monographie de la Xaintrie*, que nous sommes heureux d'annoncer avec la communication précédente, est assurée de rééditer de même le succès premier.

» M. Saint-Bonnet, en effet, a trouvé ainsi le moyen d'empêcher ses livres de vieillir : il ferait bien de nous donner le même spécifique pour le commun des mortels ! »

LA XAINTRIE.

En jetant les yeux sur la belle carte que nous devons à M. de Lépinay, on remarque, à l'extrémité sud-est du département, trois cantons contigus : Argentat, Mercœur, Saint-Privat, qu'on désigne assez souvent sous le nom collectif de Xaintrie, parce qu'ils sont ceints par trois rivières : la Cère, qui sépare Mercœur du Cantal et du Lot; la Dordogne et la Maronne, qui les baignent tous trois; mais cette dénomination s'applique plus particulièrement à Mercœur qu'on appelle XAINTRIE-NOIRE et à Saint-Privat qu'on nomme XAINTRIE-BLANCHE, parce que la cime de son Puy-du-Bassin est la première blanchie par la neige.

Ces deux cantons doivent, en effet, avoir un nom commun, puisqu'ils ont même structure géologique, même configuration géographique, même climat, même production, à fort peu de chose près, même population, même étendue, même revenu, et, entre leurs habitants, entière conformité de mœurs et d'habitudes.

Ils forment deux vastes plateaux parallèles, au sol granitique, schisteux, aux sommets nus, aux versants fertiles, aux vallons pittoresques et s'avancent tous deux sur la plaine d'Argentat.

Lorsqu'on descend de Mercœur ou de Saint-Privat et qu'on arrive au haut de la côte de Basteyroux ou de celle du Bastié, après avoir parcouru des landes clairsemées de touffes d'arbres, où la végétation est assez maigre, on est tout à coup saisi d'admiration: on voit à ses pieds le riche et beau bassin qu'arrosent la Dordogne et la Maronne, riante vallée, au climat doux, au sol fécond, bordée par de charmants coteaux plantés d'arbres fruitiers, presque tous couverts de vignes, quelques-uns renfermant des veines de houille, et le regard se repose sur de hautes et blanches maisons, offrant le plus agréable aspect, sur la ville d'Argentat, une des plus belles et des plus heureusement situées du département, bien construite, bien habitée, assise sur la rive droite de la Dordogne, reliée à son faubourg par un beau pont suspendu, traversée par la route de Tulle à Aurillac, croisée par celle de Brive à Mauriac.

J'ai fait la monographie de Mercœur dont un des hommes les plus considérables et les plus aimés du département, M. le comte Léon de Valon, ancien député, a agréé l'hommage.

Les personnes les plus compétentes m'ont engagé à faire semblable travail pour d'autres cantons.

« Continuez, m'écrivait, le 13 avril 1872, M. de Lajonkaire, alors préfet de la Corrèze ; faire connaître notre chère France, c'est la faire aimer. »

« Vous avez fait, m'écrivait, à la même époque, M. Brunet, président du Conseil général, un remarquable et utile travail sur le canton de Mercœur. »

« Vous avez pris une louable et utile initiative, m'écrivait aussi M. de Lasteyrie, membre de l'Institut ; vous êtes allé au devant du vœu du Conseil général, et il serait à désirer qu'il put être aussi bien réalisé pour d'autres cantons. »

M. Victor Lefranc, ministre de l'intérieur, me témoignait aussi sa satisfaction, le 12 mai 1872.

Ces encouragements précieux et bien d'autres que j'ai reçus depuis m'ont déterminé à faire la monographie d'Argentat et de Saint-Privat et à revoir celle de Mercœur. Je dirai, sans déprécier ni surfaire, ce qu'il y a de plus important sur les hommes et les choses de cette chère Xaintrie, qui forme plus du dixième de l'étendue, de la population et du revenu de tout le département, et mérite d'être connue.

J'espère que mon travail ne sera pas désagréable aux localités qu'il intéresse, ni tout à fait inutile pour les autres.

UN MOT SUR LE PASSÉ.

———

César et Ptolémée parlent des *Lemovices*, Limousins, dont la force était considérable, puisqu'ils fournirent dix mille hommes à l'armée de secours, envoyée devant Alesia où succomba l'héroïque Vercingétorix.

Quand les Romains achevèrent la conquête des Gaules, l'*orbis Lemovicinus* constituait un des *pagi majores*, *une civitas* formant une grande administration, ayant à sa tête un comte dont relevaient les vicaires et les centeniers.

Après que les Francs eurent vaincu les Burgundes et les Wisigoths, qui avaient envahi les Gaules, les termes de vicairies et de centaines perdirent leur valeur primitive : toute symétrie dans l'organisation disparut. Il s'opéra un morcellement arbitraire de la souveraineté et du territoire entre les comtés, vicomtés, principautés; prévôtés, châtellenies; seigneuries et bénéfices. On vit se multiplier des circonscriptions de tout genre et de tout nom.

Le savant auteur des études sur la géographie historique de la Gaule, M. Deloche, indique la division du Limousin et précise l'étendue de l'ancien diocèse de Limoges, avant que le pape Jean XXII en eût, par sa bulle du 13 août 1317, distrait le diocèse de Tulle, qui n'avait auparavant qu'un monastère.

Dans un but d'unification politique, le pouvoir établit les gouvernements généraux et particuliers; les généralités ou intendances; les parlements; les présidiaux; les sénéchaussées, les prévôtés et les juridictions.

Les Limousins avaient trois présidiaux institués à Limoges, Tulle et Brive; quatre sénéchaussées dont les sièges étaient à Limoges, Tulle, Brive, Uzerche, qui ressortissaient au parlement de Bordeaux.

Les rois profitèrent de l'affaiblissement de la puissance féodale, pour fonder la suprématie de la couronne et former un peuple unique de peuples de traditions et de mœurs différentes. Mais le droit romain et le droit coutumier se partageaient la France et on sentait le besoin de réunir toutes les lois, toutes les coutumes en une seule. Malgré d'heureuses innovations dues aux travaux de Dumoulin, Pothier et d'Aguesseau, la France ne put être soumise à l'empire d'une législation uniforme qu'en 1803, sous le Consulat.

Pour assurer, au point de vue administratif, cette unité nationale, qui est un des plus puissants éléments de la grandeur et de la prospérité du pays, la France fut divisée en départements, divisés en districts, subdivisés en cantons. L'établissement des préfectures et des sous-préfectures ne date que du 28 pluviôse an VIII. Le département est administré par un préfet, un conseil de préfecture et un conseil général; l'arrondissement par un sous-préfet et un conseil d'arrondissement.

Située dans la zone tempérée, la France, qui était divisée en 32 provinces, avant 1789, a 86 départements; 362 arrondissements; 2,868 cantons; 36,097 communes; 37,672,048 habitants; 18 archevêchés; 67 évêchés; 26 cours d'appel; 18 corps d'armée; 16 académies; 16 inspections de travaux publics; 31 arrondissements forestiers; 32 directions de douanes; cinq arrondissements maritimes dont les sièges sont Cherboug; Brest; Lorient; Rochefort et Toulon; une superficie de 53,061,524 hectares et un revenu de cinq milliards et demi, qui, dépenses générales déduites, laisse un boni d'environ un milliard sept cents millions.

Le gouvernement s'exerce par le président de la République et ses ministres, au nombre de onze, assistés des trois grands corps de l'Etat : le Sénat, la Chambre des députés et le Conseil d'Etat.

Le Sénat se compose de 300 membres élus, pour neuf ans, par un collège électoral, formé et réuni, suivant les dispositions de la loi du 9 décembre 1884, qui a modifié celles des 24 février et 2 août 1875.

Les députés sont élus au scrutin de liste. Chaque département forme une seule circonscription et élit un député par 70,000 habitants, en conformité de la loi du 16 juin 1885, qui a modifié celle du 30 novembre 1875.

Les conseillers d'Etat sont nommés par le président de la République, en vertu de la loi du 13 juillet 1879.

La Corrèze forme le diocèse de Tulle, suffragant de Bourges; la 4e division du 12e corps d'armée dont Limoges est le chef-lieu; une compagnie de la 17e légion de gendarmerie; ressortit de la cour d'appel de Limoges, de l'académie de Clermont; de la 16e inspection des ponts et chaussées et de la 28e conservation des forêts dont le siège est à Aurillac; est divisée en trois arrondissements, 29 cantons, 287 communes; a 317,066 habitants; 88,423 électeurs; 586,618 hectares de superficie.

———

CANTON

—

M. Deloche dont l'autorité est imposante fait dériver canton des mots *placitum centenarii* que nous offrent des capitulaires de Charlemagne et un diplôme de l'an 1146; le canton est une subdivision de l'arrondissement. Sans représenter une circonscription administrative, cette division territoriale est importante en matière de nomination des conseils généraux et d'arrondissement et surtout au point de vue judiciaire, puisque le canton constitue le centre de la juridiction spéciale des juges de paix dont on a augmenté et dont on veut étendre encore les nombreuses attributions. Elus par l'assemblée électorale, pour deux ans, sous l'empire de la loi du 24 août 1790; pour trois, sous celle de l'an VIII; assistés d'assesseurs remplacés par des suppléants, en 1801; nommés et révocables par le gouvernement, depuis 1815, officiers de police judiciaire, les juges de paix dont la compétence est réglée par les lois des 29 ventôse an IX, 28 floréal an X; 25 mai 1838; 20 mai 1854; 2 mai 1855; 2 mai 1861; 21 novembre 1872; par les articles 1 à 48 du code de procédure civile; 16, 48, 49, 83, 84, 85, 139, 479, 483 et suivants du code d'instruction criminelle et par les autres dispositions législatives que ces lois n'ont pas abrogées, furent placés, auprès de chaque famille, comme des pères dont un mot devait éteindre les divisions, terminer les petits procès et éviter les grands.

La commission parlementaire du 2 mars 1848, voulant mettre l'extension de leurs attributions d'accord avec leur capacité, demanda qu'ils fussent choisis parmi les licenciés en droit, ou ceux qui avaient exercé, pendant cinq ans, les fonctions d'avoué, de notaire ou de greffier, mais la loi du 11 août 1849 ne fit qu'imposer aux chefs des tribunaux l'obligation de présenter une liste de trois candidats. Désirant des juges indépendants et ne cherchant que dans des sentiments d'impartialité et d'intégrité la règle de leurs jugements et non des juges de parti, les pires de tous, les présidents et les procureurs de la République croient assurément que tous leurs candidats sont recommandés à la confiance des justiciables par l'autorité que donne une capacité incontestable et prouvée: la lettre que j'ai sous les yeux, écrite le 12 février dernier, par un magistrat fort estimé et très digne de l'être, à un homme politique en vue et en crédit, ne me laisse aucun doute à cet égard.

S'il y a des juges de paix ruraux aussi étrangers à la langue française qu'à la science du droit, sans expérience, sans prestige et qui n'ont pas cette indépendance pécuniaire qui a tant d'influence sur l'indépendance morale, c'est, m'écrivait, le 23 mars dernier, un député des plus influents de la Chambre, que des hommes néfastes ont pu faire prévaloir leurs préférences et écarter des candidatures *justifiées et agréa-*

bles au ministre lui-même, mais, dit-il, le nouveau et éminent ministre de la justice, qui veut s'appuyer sur le droit et l'opinion publique, rend les juges à la dignité professionnelle et ne nommera pas juges de paix dans leur canton, des hommes qui n'auront pu entrer ou rester dans le conseil de leur commune, ne sauraient assez dépouiller le vieil homme pour ne pas voir des porteurs de vote en leurs justiciables et ne pas être soupçonnés de vouloir se venger d'une élection passée ou préparer une élection à venir.

Du reste, si le projet d'extension des attributions des juges de paix, qui constitue la refonte de la loi du 25 mars 1838, est voté, on sera bien obligé d'élever le niveau intellectuel des juges de paix, en étendant leur compétence.

Le juge de paix ne sera plus, en effet, un juge d'exception, mais un juge ayant la plénitude de juridiction. Il ne suffira pas d'ajourner les affaires, de tenir, à jour variable, trois ou quatre audiences par mois. La justice est la grande dette du gouvernement. Le juge ne peut donner à l'une des parties le bien de l'autre sans examen, ni les ruiner toutes deux à force d'examiner. Le but, le plus grand bienfait de l'institution des juges de paix, est la conciliation, et un juge ne concilie les esprits, ne rapproche les cœurs qu'autant qu'il est à la hauteur de ses fonctions ; qu'on le sait indépendant par caractère et par position et qu'on accorde à la personne le respect qu'on doit à la fonction. Nos ministres réaliseront d'ailleurs peut-être leur désir d'appliquer le système qui nous régit, le suffrage universel, qui, sous une république, doit être la source de tout pouvoir, au choix des juges de paix et, si l'on ne réforme pas tout notre vieil organisme, M. Goblet, qui est si puissant, aujourd'hui, fera adopter son système de présentation par les électeurs, qui fut rejeté, en 1883. Nous aurons, alors, des juges investis de la confiance de leurs justiciables et dont la conscience sera protégée par de sérieuses garanties et des changements seront inévitables.

Institués par l'Assemblée constituante, le 22 décembre 1789, élus suivant la Constitution de 1791, nommés par le chef de l'Etat d'après la loi du 28 pluviôse an VIII, les conseils de département ont été réorganisés par celles des 22 juin 1832, 20 avril 1834, 10 mai 1838, 7 juillet 1852, 10 août 1871, 15 février 1872, 19 mars et 31 juillet 1875, 12 août et 19 décembre 1876, qui, par l'usage d'une initiative et d'une liberté fécondes, tendent à un véritable progrès, à la pacification des esprits, au gouvernement du pays par et pour le pays. Représentant légal du département, le conseil général est composé d'une commission permanente et d'autant de membres qu'il y a de cantons, tandis que, sous la Restauration, le nombre des conseillers avait été fixé à 16, 20, 24, selon la population de chaque département.

Les conseils généraux ont, pour auxiliaire, dans chaque arrondissement, une assemblée élue comme eux et composée aussi d'autant de membres qu'il y a de cantons.

Il y a, au moins, une paroisse dans chaque justice de paix, mais comme l'article 60 de la loi organique ne dit pas que la cure sera au chef-lieu de la justice de paix, elle peut être placée ou maintenue ailleurs et c'est ce qui a été fait pour Servières dans le canton de Saint-Privat.

Monseigneur de Tulle devait sans doute cette marque particulière d'affection et d'honneur à Servières où se trouve la seule maison de PROBATION dont l'unique but est de former de bons prêtres.

La France, qui comptait 2,941 cantons avant la guerre de 1870, n'en a plus que 2,868 !

I

CANTON DE MERCŒUR

Communes d'Altillac, Bassignac-le-Bas, Saint-Bonnet-le-Pauvre, Camps, Goulles, Saint-Julien-lo-Pélerin, Lachapelle-Saint-Géraud, Saint-Mathurin-Léobazel, Mercœur, Reygades, Sexcles.

Nous connaissons mal ce qu'il nous importe le plus de savoir. On se laisse aller à l'ivresse d'une vie insouciante et facile, ou l'on porte au loin l'activité de son esprit et on n'étudie pas son pays, les ressources et les besoins du lieu où l'on vit et où l'on a ses affections et ses intérêts. Cette étude s'impose cependant à tout esprit sérieux. L'homme intelligent s'y livrera aujourd'hui surtout que le jeu de nos institutions municipales n'est plus subordonné aux calculs de la politique, que la commune a reconquis son droit naturel et primitif de vivre de sa vie, de s'administrer elle-même. Je vais dire un mot de Mercœur, apporter ma pierre à l'édifice qu'un plus habile construira.

Formé d'une des parties les plus accidentées du département de la Corrèze, de l'extrémité sud-est de l'arrondissement de Tulle, le canton de Mercœur appelé autrefois *Merquès* et, aussi souvent, *Mercorius*, est baigné par la Dordogne et la Maronne qui le séparent des cantons de Beaulieu, d'Argentat et de Saint-Privat, par la Cère qui le sépare du Lot et par le ruisseau de Carbonnières qui le sépare du Cantal, il renferme un grand nombre de petits cours d'eau limpides, poissonneux, utilement employés comme force motrice et pour l'irrigation des prairies.

Il est traversé du nord au sud, par la route de

Tulle à Aurillac et par le chemin d'intérêt commun d'Argentat à Sousceyrac et, de l'est à l'ouest, par le chemin de grande communication de Lapleau à Gramat et par la route de Beaulieu à Aurillac.

Deux chaines de collines s'étendent l'une du nord au sud et l'autre de l'est à l'ouest.

Les versants qui bordent la Dordogne par les belles vallées d'Altillac et de Bassignac sont, en grande partie, plantés de vignes et d'une fertilité remarquable. Ceux qui touchent à la Cère et à la Maronne sont plantés de châtaigniers, de chênes, de pins et de bouleaux.

Les plateaux sont cultivés en légumes divers, en sarrasin, en pommes de terre, en maïs, en chanvre, en avoine, quelques parcelles en froment et de grandes étendues en seigle. Ils sont coupés par des bouquets d'arbres fruitiers, par des prés et des pacages de bonne qualité. Les sommets des collines sont couverts de bruyère, offrent un aspect désolé et servent seulement à l'élève du bétail, mais ces arêtes elles-mêmes pourraient être aisément défrichées et plantées.

Le canton de Mercœur est plus long que large. La longueur de son méridien est de 32 kilomètres, tandis que la ligne de latitude la plus considérable n'est que de 15.

Son sol est de surface inégale, très varié et souvent très pittoresque. Son climat, un peu froid au haut du canton, est tempéré au centre, et doux au bas.

Plus d'un canton de la Corrèze a moins de population, moins d'étendue et moins de ressources : Mercœur a 7,413 habitants, 21,316 hectares 41 ares de superficie, 101,056 fr. 96 de revenu imposable. Il donne abondamment les deux produits humains par excellence, le pain et le vin ; récolte plus qu'il ne consomme et rapporterait bien plus si les bras ne manquaient pas pour mettre en culture ses vastes étendues de landes, reboiser les cimes de ses collines, dessécher ses marais, assainir, drainer ses terres, niveler ses cours d'eau, entretenir la via...

lité de ses chemins, raviver la fertilité de son sol, qui produit aussitôt qu'il est touché par une main intelligente et laborieuse, exploiter les verreries de Goules et de Camps, si prospères en 1779, les carrières de kaolin que M. Charpentier, de Limoges, ouvrit à Camps, à Saint-Julien et à Sexcles en 1848, les carrières de granit de pierres meulières et de tuiles de Camps, de Lachapelle, de Sexcles et de Mercœur, les carrières de pierres de taille si renommées de Saint-Mathurin, les mines de serpentine et de plomb et les filons de gneiss de Cauzinille, signalées à l'industrie par M. Joanne en 1864; mais un intérêt mal compris, une perspective égoïste, attirent les cultivateurs vers les grands centres. Abandonnant le champ, qui ennoblit et enrichit celui qui le cultive, les plus valides vont à Bordeaux ou à Paris et *apparent rari nantes in gurgite vasto.* Un sur mille fait fortune et demeure presque toujours au lieu où il a acquis l'aisance, et les autres ou retournent dans leur pays natal les mains vides, le corps miné, ayant perdu l'aptitude et le goût au travail de la terre, ou, entraînés par la passion et courbés par la misère, grossissent, dans les villes, les masses destructives de l'équilibre social et deviennent les plus puissants auxiliaires des révolutions. Depuis le commencement du siècle, la population de la Gironde s'est accrue d'un quart, celle des Bouches-du-Rhône d'un tiers, et celle de la Seine de plus de la moitié, tandis que les campagnes se dépeuplent; qu'il y a, en France, 720 communes dont la population est inférieure à 100 habitants; que, depuis 1847, la population du canton d'Argentat est descendue de 12,385 à 11,800; celle de Mercœur, de 8,574 à 7,413, et celle de Saint-Privat, de 10,899 à 9,516. Aussi cette funeste tendance a-t-elle éveillé l'attention publique et la sollicitude du gouvernement.

On espère que, dans le canton de Mercœur, les services publics seront mis en meilleur rap port avec la configuration du sol et les besoins de la population.

Actuellement, le juge de paix habite Sexcles, les deux suppléants et le greffier demeurent aux extrémités du canton ;

Le percepteur, le receveur de l'enregistrement et le receveur des contributions indirectes, résident à Argentat, éloigné de près de 20 kilomètres des plus populeuses communes du canton ;

Les agents voyers, qui se partagent le service du canton, demeurent l'un à Argentat, l'autre à Saint-Privat, résidences aussi fort éloignées ;

Le notariat semble en son lieu : les trois notaires résident l'un à Mercœur et les deux autres aux extrémités du canton, à Altillac et à Goulles et les deux bureaux de poste sont établis, dans le plus grand intérêt du service, l'un à Mercœur, l'autre à Sexcles.

Depuis le décès du docteur Labrousse, le Crésus de Goulles, et en attendant que M. Louis Soulié du Bastid, étudiant sérieux et de beaucoup d'avenir, vienne se fixer, dans sa famille, à Sexcles, où il a déjà obtenu un succès d'estime qui lui assure le succès de vogue, il n'y a aucun docteur en médecine, ni même aucun officier de santé dans le canton.

Presque toutes les communes ont une école de garçons et une école de filles. Altillac, Bassignac, Goules et Saint-Julien ont, en outre, des écoles de hameau.

Sexcles avait même ajouté à ses deux écoles, le 21 décembre 1859, un pensionnat qui jouissait de l'entière confiance de toutes les familles. Cette école, si riche de bienfaits et qui savait si bien faire naître l'amour du beau et du bon, fut laïcisée *d'office* par M. le préfet Frémont.

Reconnaissante du bien accompli, la population désirait fonder une école libre, mais il fallait le levier de la religion pour soulever les cœurs, et ce n'était pas avec les *si* et les *mais* de prônes-misère qu'on pouvait réussir ; Sexcles perdit les incomparables instituteurs dont Parthenay s'honore et qui sont regrettés, bien que les instituteurs actuels, MM. Madelmon et Chasseing, fassent tout ce qu'on peut attendre du dévouement le plus éclairé, le plus absolu, pour adoucir l'amertume des regrets et soient, tous deux, à la hauteur de leur tâche.

Mercœur avait, avant 1789, sa noblesse, ses gentilshommes : d'Extresses, d'Humières, de Massoulie, de Commarq, de Fargues, de Scorailles, de Bichiran, de Laveyrie, de Laplace, de Caussade ; les Audubert de Mazeyrac de Miégemon, représentés par deux hommes de vieille race, qui savent servir la cause de la liberté et les intérêts de leur pays, harmoniser le culte de leurs aïeux avec leurs opinions libérales : M. Mazeyrac, président de la commission départementale, juge de paix suppléant, maire de Beaulieu, et M. Rigal, juge au tribunal civil de Tulle, magistrat distingué, impartial, tout à son devoir, qui sera toujours à la hauteur de toutes les situations qui lui seront faites et qui se sent heureux de voir son fils juge à Saint-Yrieix, jeune magistrat dont on ne prononce le nom qu'avec éloge, marcher sur les traces de son éminent grand-oncle, M. Rigal, président à la cour de Paris, et son arrière grand-père, juge élu de Beaulieu.

Il a eu, depuis, d'autres nobles par la vertu, vraie noblesse de l'homme de bien, d'autres hommes d'intelligence et de dévouement dont les bienfaits font chérir la mémoire.

Ame noble, forte et fière, M. Jean-Géraud Meilhac, ayant-droit des d'Extresses, a attaché son nom à Mercœur par de longs et éminents services continués par son très digne fils;

Soutenu par l'idée divine, qui fit de lui le modèle des prêtres, M. Martin Planavergne, chanoine, curé de Mercœur, exerça autour de lui une influence que nul autre ne saurait avoir aujourd'hui.

Les MM. Puex soutiennent noblement le grand nom de leurs aïeux de Massoulic, capitoul de Toulouse, Joseph de Commarq, qui occupa aussi une haute position sociale et épousa sa cousine-germaine, femme de condition supérieure.

Les MM. Laveyrie ont laissé les meilleurs souvenirs et l'on bénit les noms de Laqueille, Bayort, Delvert, Laborie, Croisille, Vinsot, d'Humières, de Laplace, de Bichiran, Argueyrolles, qui ont affirmé leur dévouement par des actes qui les signalent à la reconnaissance publique.

Le canton de Mercœur a été représenté, au conseil général, par MM. Bastid, du Rieu, Meilhac, Lestourgie et Laveyrie, prédécesseur de M. Roudié ;

Au conseil d'arrondissement, par MM. de Bichiran, Laqueille, d'Humières, Riouzal et Vinsot, remplacé par M. Albert de Laplace, juge de paix de Chevillon.

Il a eu, pour juges, MM. Lacambre, Lacoste, Bastid, Lestourgie père et fils, qui surent administrer la justice dans leur pays natal, parce qu'ils y avaient une autorité respectée et une situation inattaquable ; de Soulages, Louis Roudié, Charles Puex qui, plus riche qu'aucun autre et aussi généreux qu'on pût l'être, sut obliger souvent et se faire respecter toujours ; Clément, qui n'était pas inhabile, le bon Meyrignac, Gimel, devenu juge de paix à Tulle, et Jules Teilhet, titulaire actuel ;

Pour suppléants, MM. Laveyrie, Laqueille, Meilhac, Borie, Roudié, Vinsot, Bayort, Teilhet, de Laplace et Faure et Dufaure, qui sont en fonctions ;

Pour greffiers, MM. Demota, Saint-Bonnet de Lapagésie, Chambes de Marlinge, Poujades et Garaud, titulaire actuel ;

Pour huissiers, MM. Andrau père, Paliargues père, Andrau fils, Aubrerie, Paliargues fils, Andrau petit-fils et Chasseing.

Si M. Baudry eût acquiescé au désir que je fus chargé de lui exprimer, nous l'aurions sans doute encore, à la très grande satisfaction de tout le canton ; mais, comme me l'écrivit son estimable beau-père, M. Chauviniat, l'excellent juge de paix de Larche ne pouvait accepter un déplacement considéré comme une disgrâce.

Mercœur, qui n'avait que sept communes avant 1789 en comprend, aujourd'hui, onze : Altillac, Bassignac, Saint-Bonnet, Camps, Goulles, Saint-Julien, Lachapelle, Saint-Mathurin, Mercœur, Reygades et Sexcles, qui, avec Fontmerle, forment douze paroisses. S'il n'est plus succursale, *Belpeuch* n'en demeure pas moins le sanctuaire de la vertu.

Le canton de Mercœur n'a que 2,143 électeurs, mais Beynat, Egletons, Eygurande et Lapleau en ont encore moins.

ALTILLAC.

Altillac, appelé Antillac dans les rôles de 1763, chef-lieu d'une vicairie mentionné dans trois chartes du Cartulaire de Beaulieu des années 948, 967 et 1031, et dont le nom rappelle le culte que les païens rendaient au tilleul, est la terre des plus nobles souvenirs et des meilleurs produits, la commune la plus riche et la mieux cultivée du canton. Si la partie du nord est de nature ingrate, celle du sud est d'une fertilité extraordinaire. C'est une gracieuse vallée arrosée par la Dordogne et par les ruisseaux du Rieu, du Sudgarde, de Gramon et de la Majorie, traversée par la route de Beaulieu à Bretenoux, percée de larges voies vicinales, dominée par de verdoyantes collines tapissées de vignes grasses. Commune au site agréable, aux riantes habitations, au climat doux, aux cépages renommés, aux terres fécondes, aux plantureux herbages, Altillac est un lieu bien peuplé et fort bien habité. La population est excellente, unie par le sentiment du devoir et de la bienveillance. Le cultivateur a cette santé robuste, fruit du travail et de la sobriété. La bourgeoisie ne se distingue que par ses vertus : On ne prononce son nom qu'avec reconnaissance et amour. Aussi, la mort prématurée du noble d'Humières, très honoré maire de la comune, a-t-elle été un véritable deuil public, et tout le conseil municipal lui a-t-il donné pour successeur le digne représentant d'une autre grande famille, l'aimable et bien aimé M. Argueyrolles, arrivé par la bonté de son cœur, la parfaite honnêteté de ses opinions et de sa vie et qui ne mettra jamais la politique au-dessus de l'intérêt de la justice et des droits de ses administrés. C'est grâce à cet esprit d'union si nécessaire pour faire le bien que les électeurs ont choisi pour conseillers municipaux, des notables dont l'actif concours doit assurer la prospérité de la commune, qui, mieux appropriée qu'aucune autre à l'emploi des instruments perfectionnés, a su profiter des inventions dont l'industrie agricole s'est enrichie : La charrue a remplacé l'araire, la culture du froment a été substituée à celle du seigle et la partie plantée en vigne donne un vin qui a du corps et de la saveur et qui acquiert encore plus de qualité en vieillissant.

Altillac est aux portes de Beaulieu et relié à cette ville par un beau pont suspendu sur la Dordogne, appuyé d'un côté sur le sol d'Altillac et de l'autre sur celui de Beaulieu. Deux routes aboutissent à ce pont : La route de Bretenoux, qui traverse la plaine d'Altillac jusqu'à la limite du Lot, et la route d'Aurillac, qui met Altillac en communication avec les communes du haut du canton.

A cent mètres du pont de Beaulieu, on remarque la charmante habitation de M. Ferdinand Borie, notaire, dont le père a fait un si grand vide autour de lui et dont le beau-frère, le sympathique M. Tromain, est si honorablement connu à Tulle ; un peu plus loin, la bonne maison d'un homme fort estimé et qui n'a que des amis, M. Andrau du Veyrou, huissier et l'un des principaux propriétaires de la commune ;

Plus haut, sur le flanc d'un coteau planté de vigne dominant la plaine, le vieux château de l'excellent comte d'Humières de la Majorie digne et honoré représentant de messire de Pes teil, comte de Lamarche, chevalier de Saint-Louis ;

Plus bas, l'ancien manoir des Audubert, qui eut sa juridiction en 1768, le château de Miègemont de l'affectionné maire de la commune, M. Argueyrolles, avocat ; plus près du Lot, la propriété du vaillant commandant de Bichiran, proche parent du maréchal de Canrobert, l'une des plus belles gloires de France ;

A la limite de la Corrèze et du Lot, le chalet du sympathique M. Laumond de Larauffe, beau-frère de M. Mazeyrac, si connu, si aimé et naguère remplacé comme notaire par l'aimable M. Molin de Teyssieux, l'heureux gendre du bon M. Puex ;

A un kilomètre du pont de Beaulieu, le magnifique château de Bra de M. Bonnefon, ancienne propriété du général de brigade Marbot, dont le frère aîné fut général de division sous Louis-Philippe et aide de camp du roi ;

Près de Bra, la propriété de l'expérimenté et avenant greffier de Mercœur, M. Garaud ; tout près, la demeure de M. Dufaure, suppléant du juge de paix que j'ai vu de près, connu pour sa droiture de cœur, l'honnêteté de son âme et qui, sans avoir sans doute des connaissances spéciales fort étendues, saura mieux que bien d'autres rendre des décisions équitables et respectées ;

Au sud-ouest, le domaine du Laurent de M. de Veyrières, bien connu du monde des lettres ; non loin, les belles et très productives propriétés de Mas de Vaur et d'Andoly ; la gracieuse habitation de M. Camille Dauvis de Paliol ; le château de M. de Bichiran, ancien sous-préfet, l'un des hommes les plus riches et les plus estimés de la contrée ;

Le château du Doux de l'intrépide général du Bessol, l'un de nos officiers généraux les plus distingués ; près du pont, la grande et belle maison de plaisance d'une très riche héritière, Mlle Maignac de Sudgarde ; à mi-côte, sur un mamelon d'où l'on découvre l'admirable panorama qui se déroule le long de la Dordogne, le bourg d'Altillac, bien bâti, mais d'un difficile accès, l'église construite en 1300, refaite en 1528, réparée en 1787 et en 1838 et décorée depuis avec un luxe de bon goût ; la maison d'école dirigée par un officier d'académie du plus grand mérite, Briat, et assez vaste pour servir de mairie.

La paroisse, qui ne connut jamais aucun déserteur de l'église, est administrée par un prêtre de talent, M. Lachamp, estimé de tout le monde, aimé des pauvres comme un père, de ses confrères comme une règle vivante, un modèle de perfection, sachant répandre les bienfaits, faire aimer et honorer la religion et qui devrait être sur le chandelier, car, pour être bien appréciée, la perle doit être montée.

Desservi par le bureau de poste de Beaulieu, Altillac est à 8 kilomètres de Bretenoux, 19 de Mercœur, 29 de Brive, 41 de Tulle, a 2,522 hectares 71 ares d'étendue, 22,878 fr. 92 de revenu, 1,637 habitants, 504 électeurs.

BASSIGNAC-LE-BAS.

Situé entre Altillac, Brivezac et Reygades, sur les flancs d'une colline dont la base est fécondée par la Dordogne, Bassignac est, dans sa partie inférieure, aussi fertile qu'Altillac.

Dans la vallée resserrée et, en certains endroits, rocheuse qui borde la Dordogne et s'étend de Vaurs au Bos, on cultive la vigne et le froment, mais la partie qui touche à la commune de Reygades est inculte sur plusieurs points. Son climat est sain et doux, ses vignes sont sa principale richesse et son vignoble n'est pas moins productif que celui d'Altillac. Son vin a de la sève et de la force, chargé de couleur et un peu dur en primeur, il devient excellent en peu d'années.

Le bourg de Bassignac où l'on n'arrivait, autrefois, que par un petit chemin tortueux, rocailleux, est, aujourd'hui, traversé par une large voie d'intérêt commun, embelli par une spacieuse maison d'école, parfaitement distribuée, admirablement bien tenue par M. Debertrand, l'un des meilleurs instituteurs du département, et construite par les soins d'un homme intelligent, populaire, fils et petit-fils de médecins distingués et désintéressés, l'actif, affectueux et serviable M. Albert de Laplace, qui n'a sans doute quitté le canton où il était maire, conseiller d'arrondissement et accepté la justice de paix de Chevillon que pour revenir avec de nouveaux titres à la bienveillance du gouvernement.

Bâtie en 1563, réparée en 1824, l'église qui appartient au style flamboyant renferme une inscription rappelant la visite de l'illustre Mascaron, en 1676.

A l'entrée du presbytère, on admire une statue de très haute antiquité, représentant sainte Claire. L'église est décorée par un prêtre remarqué pour une grande humilité, base de toute vertu solide : M. Mouret.

Au bas du bourg, sur les rives de la Dordogne, on voit des pans de mur peints à fresque, festonnés de lierres, seuls restes de la célèbre abbaye de Montcalm ;

Au Gasquet, des souterrains, dits les caches, dont personne ne connaît la destination ;

A l'Auvergnassou, où se tient une foire le 26 septembre, on a trouvé des vestiges de camps romains, des débris d'édifices.

Desservi par le bureau de poste de Mercœur, Bassignac est à 14 kilomètres de Mercœur, 17 d'Argentat, 46 de Tulle ; a 1,329 hectares 81 ares d'étendue, 6,347, 62 fr. de revenu, 652 habitants et 170 électeurs.

BELPEUCH.

Situé à la limite de la Corrèze et du Lot, à l'extrémité occidentale de la commune de Camps, à 5 kilomètres de Mercœur, au sommet d'une colline qui domine les belles et fertiles plaines de Beaulieu et de Bretenoux et d'où l'on découvre un magnifique panorama, Belpeuch, prieuré célèbre, en 1787, est un pèlerinage d'ancienne date et de très grand renom. En mai et en septembre de chaque année, une foule immense accourt des points les plus éloignés à ce sanctuaire dédié à la sainte Vierge.

Érigée par les soins du chanoine Planavergne, la succursale de Belpeuch a été supprimée par suite d'un désaccord regrettable, résultat d'une erreur qui sera réparée ou au moins atténuée, mais un prêtre dont tout le monde connaît et admire la vertu, un missionnaire brûlant de zèle, qui sait exciter la piété et amener les hommes et les choses à ses fins, M. Basile Foix, chanoine prébendé, n'en continue pas moins avec ardeur et succès l'œuvre méritoire de l'actif Planavergne.

On a restauré l'humble et antique chapelle, construit une grande et belle église, un vaste et élégant presbytère, élevé un magnifique chemin de la croix, ouvert des chemins, fécondé la colline et transformé le petit bourg.

SAINT-BONNET-LE-PAUVRE.

Située sur le plateau qui domine les vieilles tours de Merle, souvenir des grands désastres du IXᵉ siècle, réunie à la paroisse de Goulles, en 1789, rétablie en succursale le 7 octobre 1850, la commune de Saint-Bonnet-le-Pauvre, qui doit son qualificatif au peu d'importance de sa population, moins considérable que celle des autres cinq communes du même nom dans le département, a son manoir féodal, le fief noble du Rieu dont Claude de Pesteil, seigneur de Saint-Geneis, était maître en 1657. Flanqué de tourelles, entouré d'une terrasse, d'arbres séculaires, d'un jardin bien tenu, d'un verger bien planté, d'un étang poissonneux, le vieux château, agrandi, restauré par M. Laborie, aimable et généreuse nature dont la bonté fut au secours de toutes les souffrances, est la demeure et la propriété de sa respectable et très honorée veuve, Célina de Meilhac d'Elvert, à qui nulle noblesse n'est inconnue et qui sait admirablement bien continuer les bienfaisantes traditions de sa grande maison, qui n'a rien perdu de son ancien prestige.

A Saint-Bonnet, les pauvres ne sont pas misérables : ils ont une tendre mère en leur noble châtelaine et un véritable père en leur pieux curé.

La gloire de l'ambition est de monter et celle de la vertu de descendre : incliné par l'âge, mais marchant encore d'un pas allègre et sûr, M. Marinie, chanoine honoraire, a quitté l'importante commune d'Auriac, pour faire plus de bien dans une paroisse moins riche.

Le presbytère et le château confondent le service de Dieu avec le service des pauvres, prodiguent les largesses et les consolations. Pour eux, faire un bien immense est un devoir commun, un besoin sublime dont la satisfaction les rend heureux, parce que le bonheur de l'âme sensible s'accroît de ce qu'elle retranche au malheur d'autrui. Il n'y a, dans cette bonne commune, que la contagion du bien et une seule famille de travailleurs dont les principaux membres assurent l'union des esprits et des cœurs et ne laissent rien en souffrance. Aussi fait-on, en ce moment, de très grosses réparations à l'église construite par les soins de MM. de Meilhac d'Elvert et Laborie.

Cet accord si rare doit être signalé, car, si la vertu se suffit à elle-même et n'aime pas qu'on la loue, on n'en doit pas moins applaudir aux belles actions, puisque c'est en les admirant qu'on apprend à les imiter, et cette entente est d'autant plus admirable qu'il n'y a, dans le voisinage, à Sexcles, à Goulles, à Saint-Geniès, que des haines en commun, des amitiés changeant avec les intérêts, des amis de fricassée et de nappe mise, semant la discorde, allumant la jalousie qui gâte les plus heureux naturels, divise et désole les familles. Desservi par le bureau de Sexcles, Saint-Bonnet est à 6 kilomètres de Sexcles, 16 d'Argentat, 17 de Mercœur, 46 de Tulle ; a 594 hectares d'étendue, 9,600,61 de revenu, 212 habitants et 46 électeurs.

CAMPS.

Le sol de la commune de Camps est de nature et d'expositions variées ; uni au nord et à l'est, il est montueux au sud et à l'ouest, composé d'une faible couche de terre végétale mélangée aux détritus de rochers granitiques, il est sec et maigre, mais, défrichant la plus grande partie des landes, utilisant les plus petits cours d'eau, vivifiant, fertilisant tout et excitant l'émulation agricole autour d'eux, des hommes intelligents, énergiques en ont fait une terre nouvelle. On voit des vignes de bon rapport sur le bord du ruisseau qui sépare Camps de Cahus et tombe dans la Cère au pied du vieux manoir de MM. Prat et, près du bourg, des champs très productifs et de fort belles prairies.

Plusieurs de ces nobles travailleurs doivent être signalés à la reconnaissance publique : le très regretté M. Coisille, maire zélé dont la bienfaisante et paternelle autorité ne fut jamais méconnue; le bon Roffy, le sympathique Dejamme du Sartre, l'actif Fourniol, le serviable et populaire Lacaze, maire de la commune; Dejammes, de Foix, son excellent adjoint ; Paul Grange qui, jeune encore, a déjà la plus grande place dans l'estime de tout le monde ; son digne voisin, Cyprien Jaulhac, dont le fils est un officier de beaucoup d'avenir ; M. Allary, entrepreneur de travaux publics, père et modérateur de l'ouvrier, qui doit sa belle fortune à sa grande activité et sa parfaite honnêteté, et un prêtre dont tout le monde admire le zèle, l'abnégation et le dévouement, dont une charité ardente anime les paroles et les actions et dont l'exem-

ple courageux et édifiant est si utile, si nécessaire, en ce temps de dégénérescence, M. Theil-
liol, ancien curé de Saint-Julien-le-Vendômois.

Le bourg est agréablement situé au sommet
d'une colline rapide, rocheuse, boisée, bordée
par la Cère et le chemin de fer de Saint-Denis à
Aurillac.

On remarque, près de Négrevergne et de Ta-
lamet, de riches carrières de kaolin et de tuiles
et, sur les bords de la Cère, du sable quartzeux
calcaire dont la pureté et la finesse conviennent
à la fabrication du verre.

Desservi par le bureau de poste de Mercœur,
Camps est à 12 kilomètres de Mercœur, 16 d'Argentat, 46 de Tulle ; a 2,358 hectares 13 ares
d'étendue, 7,134 fr. 29 de revenu, 638 habitants,
207 électeurs.

FONTMERLE.

En suivant la route de Beaulieu à Bretenoux,
on voit, à gauche, sur la hauteur, à 5 kilomètres d'Altillac, l'élégant bourg de Fontmerle.
L'église couronne la colline couverte de vignes
et de châtaigniers, qui domine la plaine d'Altillac et d'où l'on découvre un horizon immense.

Malgré la rapidité de la pente, le sol est très
fertile et fort bien cultivé : le pied de la colline
est comme un jardin.

Quand Fontmerle, dont l'ancienne église avait
été bâtie en 1781, fut érigé en succursale, la
paroisse, formée d'une partie de celle d'Altillac,
avait besoin d'une nouvelle église, d'un presbytère et d'une maison d'école. Ses ressources
étaient insuffisantes, mais les efforts du dévouement inspiré par la religion ne demeurent jamais impuissantes : animé par son zèle, soutenu
par son évêque, le curé Maisonneuve fit tout,
embellit tout, et son pieux successeur, M. Bou-
tourie, qui est beaucoup au-dessus de sa place,

ne laissera certainement jamais rien en souffrance.

On remarque, au bourg, la propriété de M. Marbot de la Bourgeade, bienfaiteur du séminaire de Servières, et, à la Poujade, celle de l'estimable Lacambre.

GOULLES.

Après Altillac, Goulles est, par sa population et par son revenu, la commune la plus considérable du canton. Moins riche qu'Altillac en produits agricoles, elle a six fois plus d'étendue. Située à l'extrémité orientale du canton, faisant angle saillant dans le département du Cantal, ce qui a valu son nom *de Angulis*, la commune de Goulles s'étend des rives de la Cère aux bords de la Maronne. Ses villages du *Peyrou*, du *Cayre* et de *Septaubre* appartenaient, autrefois, à l'Auvergne et faisaient partie de la vicairie de Rouffiac.

L'air est vif, le climat sain, le terrain sec, argilo-sablonneux, est entrecoupé de buttes bien cultivées. Sachant que les propriétaires exploitant par eux-mêmes peuvent seuls faire prospérer l'agriculture, MM. Laqueille, Bayort, Vergne, Bruel, Calvet et Faure ont su engraisser, fertiliser ce sol léger et froid, trouvant leur plus douce jouissance et un bénéfice réel à faire valoir leur fonds, inspirant au petit propriétaire la bonne, sage et profitable pensée de cultiver lui-même son bien, de s'y fixer et d'aimer l'agriculture, source la plus féconde et la moins variable de richesse, exerçant, ainsi, grande influence sur la production du sol et le bien être de la population; aussi voit-on, à l'entour de plus d'un village, de fort bonnes terres et de gras pâturages.

Dominé par une éminence dont le sommet, appelé *Puy-Jaü*, affecte la forme d'un tumulus d'où l'on découvre un des plus beaux points de vue du pays, traversé par le chemin de Gram-

mat à Lapleau, embelli par une place ombragée d'un grand tilleul, bordée de constructions
confortables, le bourg, abrité des vents d'ouest,
offre un bel aspect.

Bâtie en 1625, enrichie des dons de MM. Alleyrat, Lair, Sels, Lardies et Negrevergne, l'é-
glise avec son chœur ogival, sa vaste nef, ses
huit chapelles latérales, ses boiseries sculptées,
ses inscriptions murales, son bénitier monolithe,
son lourd clocher et son beau carillon, mérite
d'être vue.

Elle a été réparée par le prêtre distingué
entre tous que M. Planavergne, curé de Mercœur, désirait pour son successeur, M. Alleyrat,
exemple de toutes les vertus sacerdotales. Le
bon M. Leyrich, dont la santé est fort délicate,
aura une peine infinie à égaler ce modèle d'activité, d'abnégation et de dévouement ; mais
une petite santé bien conduite peut aller loin, et
l'alouette se fait entendre avec plaisir quand le
rossignol se tait. On remarque, près de l'église,
la maison de la pieuse fille de Messire de Massoulie, aïeul de MM. Puex de Lalo, qui avait
épousé noble Joseph de Commarq ; en face,
celle où naquit M. François Lair, prêtre de su-
réminente vertu et d'intelligence supérieure,
mort à la fleur de l'âge, mais qui avait déjà fait
beaucoup de bien et eut le bonheur d'aimer et
d'être aimé.

C'est dans cette maison, propriété de mes
enfants, que demeure le successeur de M. Laveyrie, l'estimé, le très obligeant M. Paliargue
fils, notaire, qui ne demande qu'à exercer sa
bonne volonté ; mais les occasions s'offrent rarement à qui n'a pas un esprit transcendant, de
grandes alliances et ne peut pas dire, comme le
maréchal Lefèvre : *Je suis un ancêtre*. On voit,
tout près, la maison du très méritant curé de
Laguenne, M. Chauva, et celle du non moins
digne curé d'Orliac-de-Bar, M. Peyralbes ;

Plus haut, une maison où tout abonde : la
maison de la riche Mme Labrousse, née Bétail-
lon, dont la plus douce volupté est celle d'ac-

quérir ; et celle de l'intelligent et laborieux M. Soubrier, fort bien partagé du sort et heureux de voir son fils arrivé.

A la sortie du bourg, on admire une grande et élégante maison, coiffée d'un joli petit toit de tuilles rouges, ayant vaste cour fermée devant, jardin en parfait état derrière, verger bien planté à droite et charmant bosquet à gauche : C'est la maison du maire, de l'idole de la commune, M. Laqueille, noble représentant d'une famille vénérée, devant lequel toute la population s'incline avec la plus respectueuse sympathie ; à quatre kilomètres du bourg, à l'est, la bonne maison de l'excellent M. Bayort d'Auyères.

Calmes, indépendants, dédaigneux de l'intrigue, n'ayant besoin de rien et n'ayant jamais rien demandé à personne, faisant aimer les principes de justice et de sage liberté, MM. Laqueille et Bayort sont des amis véritables, parce que l'amitié, fille de l'égalité, est un contrat tacite entre deux personnes sensibles et vertueuses.

A trois kilomètres du bourg, à droite et tout près du chemin de Goulles à l'Arbre-du-Raisin, on voit, ombragé d'arbres, le vieux manoir de la famille Laveyrie dont les membres ont, de temps immémorial, appartenu au notariat et qui est, aujourd'hui, réunie à Laroquebrou (Cantal).

A deux kilomètres du bourg, au sud, à 600 mètres de Saint-Julien-le-Pèlerin, on voit la belle maison d'un homme aussi remarquable par l'énergie de ses sentiments que par la solidité de sa position, M. Pascal Vergne de Cavanet, adjoint, qui a supplanté M. Faure, moins sympathique que lui à la population, surprise de voir un cultivateur, sous-agent d'assurances, nommé suppléant, chargé des fonctions de ministère public, descendre de son siège, pour remplacer le greffier, lorsque celui-ci est en cause ; aussi nos hommes politiques n'ont-ils pas accepté la responsabilité de cette nomination : *Ce choix appartenait à votre député, M. Vachal, m'é-*

crivit le 24 mai 1882, M. le baron Lafond de Saint-Mûr, notre très serviable sénateur.

Je n'ai fait aucune démarche à ce sujet, m'écrivait, le même jour, M. Vachal.

Au pied d'une colline boisée, sur le bord de la Cère, à Lacoste, on voit une verrerie exploitée naguère, qu'un parent de l'illustre général de Colomb, arrière-neveu de Claire de Colomb, supérieure des sœurs de la rue de l'Arbalette, à Paris, en 1708, père de l'intelligent, pieux, et zélé curé de Segonzac, M. François de Colomb, fait reconstruire.

A deux kilomètres de Montvert, à la limite de la Corrèze et du Cantal, sur le bord de la route d'Aurillac, au Teulet, s'élève une belle chapelle, léguée par M. l'abbé Jaulhac, le 21 mars 1837, devenue une annexe de l'église de Goulles, agrandie et restaurée en 1857.

A quatre kilomètres du bourg, à l'est, on trouve les débris d'un sombre édifice féodal, qui n'a pu résister à de sordides spéculations, les imposantes ruines du château où naquit Guillaume de Carbonnière, qui fit construire la cathédrale de Tulle en 1120, ruines remarquables par leurs proportions grandioses et par leur situation, au bas de rochers abrupts, sur le bord d'un torrent, dans une gorge pittoresque, étroite, tortueuse et profonde, où l'on a trouvé de curieuses pierres qui paraissent être les restes d'un crombech.

Les foires de Goulles ont une importance réelle et se tiennent le 28 février, 26 avril, 22 juin, 31 août, 26 décembre et 30 décembre.

Les droits de location des places furent réglés par arrêté du 5 juin 1828.

Desservi par le bureau de poste de Sexcles, Goulles est à 18 kilomètres de Mercœur, 9 de Sexcles, 19 d'Argentat, 38 d'Aurillac, 47 de Tulle, 32 de Beaulieu, a 3,339 hectares d'étendue, 13,305 fr. 71 de revenu, 1,070 habitants, et 272 électeurs.

SAINT-JULIEN-LE-PÈLERIN.

La commune de Saint-Julien-le-Pèlerin s'avance au nord et à l'est dans celle de Goulles, est longée au sud par la Cère et touche à l'ouest aux communes de Sexcles, de Saint-Mathurin et de Camps.

Il y a une très grande différence dans le site, la production et le climat de ses villages. Les environs du bourg, où l'intelligent Debertrand, l'actif Gourdy et l'industrieux Dampeyrou ont tout mis en valeur, et de Casergues, où l'affectionné maire Artigues a considérablement amélioré sa propriété, sont bien exposés et fort bien cultivés. Le spectacle change quand on se dirige vers l'Arbre-du-Raisin, qui est à 625 mètres au-dessus du niveau de la mer. De ce point le plus froid du pays, jusqu'à la maison de M. Gramon du Rieussec, la route de Tulle à Aurillac est bordée d'inhabitables cassines; en suivant cette route tracée sur le sommet de la colline, on voit au nord d'immenses marécages stériles et de vastes étendues de terrain où les troupeaux trouvent à peine leur nourriture; au sud, les flancs escarpés de la colline sont nus ou couverts d'arbustes chétifs. Des hommes élevés dans l'habitude du travail et durs à la peine ont lutté contre cette nature ingrate et conquis à la production la plus grande partie de cette terre inculte.

On ne saurait trop applaudir aux succès de ces modestes et énergiques travailleurs ; ni trop redire les bienfaits du curé Loche qui légua tous ses biens aux pauvres le 19 février 1791 ; du bon et regretté curé Névot, du très méritant curé actuel, M. Capitaine, qui sait que l'exemple est la voie abrégée de la perfection, ne fait pas le lundi et laisse partout les traces de la plus ardente charité ; ni oublier le zèle et le dévouement avec lesquels les instituteurs et institutrices remplissent leurs délicates fonctions.

A Pompignac, près des carrières de kaolin, dont l'exploitation serait très productive, on a découvert de fort curieuses pierres tumulaires, et sur l'un de ces sarcophages, une inscription qui exerce la sagacité des antiquaires.

Desservi par le bureau de postes de Sexcles, Saint-Julien est à 8 kilomètres de Sexcles, 16 de Mercœur, 50 de Tulle, a 1,539 hectares 81 ares d'étendue, 4,144 fr. 54 de revenu, 451 habitants, 99 électeurs.

LACHAPELLE-SAINT-GÉRAUD

Traversée par la route de Beaulieu à Aurillac et par le chemin d'Argentat à Mercœur, qui se croisent au chef-lieu, arrosée par la Maronne et par les ruisseaux d'Orques et de l'Hoste, la commune de Lachapelle-Saint-Géraud est située sur un plateau élevé qui domine la belle et riche plaine d'Argentat, se rattache aux tristes et infécondes landes de Reygades et se termine par des collines couvertes de chênes et de châtaigniers, entre lesquelles s'ouvrent des vallons étroits, mais fertiles et d'où jaillissent des eaux bien aménagées.

Le sol suit les ondulations du plateau, est rude à la culture. Le climat est froid.

L'élevage du bétail et l'engrais des porcs sont ses principales ressources. Les dépendances du bourg sont bien cultivées, on voit même sur les versants de Combaliès et des Granges des vignes de belle apparence et d'abondantes carrières de tuiles dans la côte de Basteyroux.

Un écrivain qui ne fait pas de notre langue un jargon, l'érudit auteur de l'*Histoire du Diocèse de Tulle*, M. Poulbrière, a dit l'importance du prieuré de Lachapelle, fondé par saint Géraud et dont messire Bonald de Lectoure était titulaire en 1783. Le manoir de l'illustre pèlerin du xᵉ siècle fut converti en fort belle maison bourgeoise par le bon et affectueux M. Bernard Vinsot, qui consacra toute sa vie à faire le bonheur des autres et fut assez heureux pour avoir des fils dignes de lui : son fils aîné fut maire, conseiller d'arrondissement, juge suppléant ; et son fils, plus jeune, qui a succédé comme maire à son très regretté frère, continue les excellentes traditions de la famille.

La commune a fait construire une maison d'école en parfait rapport avec sa destination, occupée par un instituteur d'un très rare mérite, M. Aulhac, et donné un beau presbytère à M. le curé Durie, si modeste, si humble, qu'il ne se rend pas justice et ne veut être que l'image de ses voisins qu'il considère comme des sujets accomplis, des abrégés de toutes les vertus.

Toutes les communes du canton ne forment qu'une aggrégation sous le nom de perception de Lachapelle ; le titulaire, M. Vacher, qui réside à Argentat, sait si bien rendre la fonction aimable, qu'il sera vivement regretté lorsqu'il recevra l'avancement qu'il mérite et ne saurait se faire attendre.

Lachapelle a des foires d'une importance réelle, qui se tiennent le samedi de Pâques, 15 mai, 10 juin, 24 août, 20 octobre, 20 novembre et 16 décembre.

Desservie par le bureau de Mercœur, Lachapelle est à 3 kilomètres de Mercœur, 8 d'Argentat, 16 de Beaulieu, 37 de Tulle, a 1,919 hectares d'étendue, 8,553 fr. 32 de revenu, 550 habitants, 138 électeurs.

MERCŒUR.

D'origine ancienne et de grande importance dans le passé, aujourd'hui humble chef-lieu de canton, Mercœur a donné son nom à une illustre maison d'Auvergne et fut une gracieuse petite ville de cette grande vicairie de Levert, riche apanage du duc de Lorraine, érigé en duché par Charles IX en 1529 et passé dans la maison de Conti. Réconcilié avec Henri IV, par l'entremise du prince de Rohan, le duc de Mercœur ne se soumit qu'en 1598. Son château, longtemps occupé par les Anglais, fut détruit par ordre de Louis XIII en 1634.

Si la pioche a fait tomber ce que le temps n'avait pas ravagé, une main laborieuse et bénie a édifié sur ses ruines une maison qui fait revivre les meilleurs jours des d'Estresses, derniers propriétaires du lieu. Lorsqu'on parle de Mercœur, le nom de ce restaurateur, Meilhac, se présente toujours à l'esprit, vient sous la plume :

M. Jean-Géraud Meilhac, maire pendant cinquante-un ans, notaire pendant trente-sept, très longtemps juge suppléant et conseiller général, appartenait à une famille d'ancienne et forte race. Il était sorti de la maison de Meilhac d'Hautefage fort honorablement connue dans la Corrèze et qui a acquis de la célébrité à Paris. Homme de sens, d'esprit et de cœur, caractère élevé, sympathique et conciliant, ayant l'expérience de la vie, il sut imprimer la direction la plus favorable aux intérêts publics et privés et personne ne servit mieux son pays, n'en fut mieux écouté, ni plus regretté.

Homme de dévouement et d'énergie, d'un jugement sûr et d'une très grande bonté, M. Pierre-Paul Meilhac continua la noble tâche de son estimable père et fit le bien sans en chercher la récompense.

La tradition n'est pas interrompue : la place des d'Extresses, des Croisille, des Meilhac, si grande et si difficile à occuper, est parfaitement remplie par l'homme aimable et aimé qui les représente : actif, intelligent et dévoué, M. Ernest Roudié, licencié en droit, notaire, maire, conseiller général, officier d'académie, membre du conseil d'agriculture, ancien juge suppléant, ancien délégué cantonal, est, comme le furent ses oncles, la personnification de l'indépendance et de la bonté, et, s'il a eu des jours de dure épreuve, il a été toujours soutenu par sa conscience et par les sympathies du public, admirateur de la vaillance d'esprit et de cœur de ce type inamovible, en un temps où tout change.

Mercœur se souvient encore de M. Martin

Planavergne, penseur profond, homme de la règle et du devoir. Il était difficile de remplacer un prêtre aussi éminent, aussi passionné pour le culte des âmes. On regrette que le nouveau curé, l'affectueux et doux M. Charazac, n'ait pas reçu plus large part de l'héritage intellectuel de son austère prédécesseur, qui avait si bien su garder intact son prestige et son caractère.

J'aurais beaucoup à dire à la louange du bon M. Flammary, qui m'a paru regretter d'avoir eu l'ambition, peu justifiée, de remplacer M. Roudié, comme maire;

Du digne représentant de Pierre Monfreux, notaire en 1768, M. Perier de Labissière, qui fut aussi maire pendant quelques mois;

Du fils d'un maire qui sut se faire agréer, M. Mielvaque de Peyrissac; de MM. Chièze, Durie; Chasseing; Jauzac; Lavaur; Cabanes; Palide; de MM. Mesnager; Dubet; du méritant instituteur; de Mme Queyriau, receveuse des postes et télégraphes, et de bien d'autres, mais j'abrège, à cause de la réserve que je me suis imposée, pressé d'ailleurs d'exprimer les regrets de mon canton, si mal connu, si souvent victime d'injustes préventions, bien qu'il ne soit pas plus lent qu'un autre à marcher dans la voie du véritable progrès.

Enfermé dans un demi-cercle de belles prairies, dominé par des champs magnifiques, ombragé d'un bouquet d'arbres, son chef-lieu est dans une situation hygiénique des plus favorables à la santé : l'air est pur, le climat tempéré. Traversé par le chemin d'Argentat à Sousceyrac, qui n'est qu'à trois kilomètres de la route de Beaulieu à Aurillac, il est au centre du canton, à égale distance des deux extrémités, à dix-huit kilomètres de Goules, dix-neuf d'Altillac. Il a trois hôtels bien tenus et la demeure hospitalière d'un homme de cœur dont tout le monde connaît la générosité; est soumis aux obligations de l'article 136 de la loi du 5 avril 1884, et Mercœur est. je crois, le seul canton de France qui n'ait ni juge, ni suppléant, ni greffier, au chef-lieu; le juge de paix demeurant à Sexcles; le premier suppléant à Lacombe, commune de Goulies, à l'extrémité orientale du canton, à deux kilomètres du Cantal; le deuxième suppléant et le greffier, à l'extrémité occidentale du canton, tout à fait aux portes de Beaulieu; le seul qui n'ait pas, pour juge suppléant, un maire, un conseiller municipal, un notaire ou autre officier ministériel;

Le seul dont les juges et suppléants aient été tous pris dans la classe des cultivateurs.

Cela peut paraître surprenant à ceux qui savent qu'il y a des hommes d'intelligence dans notre canton, mais ne semble pas contrarier tout le monde.

Les membres du tribunal de paix se faisaient, autrefois, une guerre ouverte.

Le plus expérimenté m'écrivait, le 27 juin 1882 : *Celui que vous aviez comblé de bienfaits et qui vous a payé d'ingratitude, vient d'user du même procédé à mon égard.*

Ils sont aujourd'hui en parfait accord, vivent dans la plus douce intimité, unis fraternellement, ne font qu'une famille.

Le plus heureux de tous, M. Garaud, greffier, a des relations officielles, agréables, avec M. Teilhet, son juge de paix, des rapports intimes avec M. Faure, son 1er suppléant; est l'affectionné cousin de M. Dufaure, son 2me suppléant; lié de la plus étroite amitié avec M. Chassaing, huissier à Mercœur, *beau-frère de son juge de paix;* bien avec M. Andrau, huissier à Altillac, son tout bienveillant voisin, et promène de diners en diners son utilité bien nourrie, et si j'en juge par ses actes, M. Chassaing n'est guère plus malheureux que M. Garaud.

Je travaille dix heures par jour depuis plus de cinquante ans; je sais par cœur les hommes de mon pays et les articles de notre code civil et plus d'un juge de paix a eu recours à ma vieille expérience des affaires. Je ne me flatte cependant pas de connaître toutes nos lois, et mes excellents voisins, qui n'ont pas fait d'études spéciales, et qui ne font pas preuve de science dans les lettres qu'ils m'ont adressées peuvent fort bien ignorer plus d'une disposition législative.

Il n'y a pas, comme l'écrivait, à tort, le *Moniteur universel*, le 21 février dernier, deux nations : *la nation républicaine dans laquelle le gouvernement réserve toutes ses faveurs, et la nation qui subit, sans s'en plaindre, le gouvernement républicain et contre laquelle le gouvernement républicain exerce toutes ses rigueurs*, le gouvernement cherche la conciliation, la justice et la paix sociale et veut une justice prompte, économique et éclairée.

Je ne souhaite pas comme Albert Bataille que les *huissiers soient maigres*, mais je désire, autant que lui, que les *juges soient éveillés*, et si, comme le disait, au Sénat, le 20 juillet 1883, M. le baron Lafond de Saint-Mûr, les juges sont faits pour les justiciables et non pour le gouvernement, j'espère mieux pour le canton de Mercœur où j'ai trouvé plus d'épines que de roses, mais que j'aime néanmoins de tout cœur, et, on l'a dit, le cœur ne vieillit pas. Mercœur est à 10 kilomètres d'Argentat, 40 de Tulle, 45 d'Aurillac, 17 de Beaulieu, a 2,993 hectares 85 ares d'étendue ; 10,444 31 de revenu, 774 habitants, 230 électeurs et cinq foires qui se tiennent les 3 février, 10 mars, 10 avril, 24 mai et 10 juillet.

REYGADES.

Traversée par la route de Beaulieu à Aurillac, abritée par un mamelon qui la sépare d'Altillac et de Bassignac-le-Bas, la commune de Reygades est une des mieux situées du canton ; elle forme un large plateau couvert de cultures diverses d'un bel aspect, au sud, de vastes étendues à l'est et à l'ouest et terminée, au nord, par des

collines séparées par des gorges profondes et
dont les versants sont plantés d'arbres appau-
vris. Placée presque au centre du canton, elle a
tous les avantages inhérents à sa position géographique : elle n'éprouve ni grands froids, ni fortes
chaleurs. L'air est pur et sain, le climat tempéré. Il y a de grandes étendues incultes, mais,
imitant l'exemple d'un habile agriculteur, M. Reygades du Cassan, des cultivateurs actifs ont su
fertiliser leurs terres, développer la surface en-
gazonnée; aussi, voit-on, près du bourg et du
village de Lusège, des champs fertiles et d'assez
belles prairies.

L'élevage des bêtes à laine et l'engrais des
porcs sont les principales ressources de la commune, administrée par le bon Jaulhac, père de
deux ecclésiastiques bien connus qui ne se res-
semblent guère : Antoine, curé de Sexcles, et
Pierre, professeur de très rare mérite et de la
plus grande édification. De construction récente,
bien placé et très bien distribué, le presbytère a
des dépendances fort agréables, et M. le curé
Larcher sait y conserver la haute réputation
d'hospitalité que le bien aimé curé Bonald lui
avait acquise. Installé dans la nouvelle et grande
maison d'école, M. Meyjonade, instituteur, a
pris pied et gagné beaucoup de terrain.

Agrandie en 1787, réunie à Mercœur en 1789,
rétablie en succursale, le 18 février 1802, réparée en 1805, l'église est remarquable par l'élé-
gance de son clocher qu'on aperçoit, de loin,
au-dessus des arbres qui ombragent le bourg. Un
souterrain taillé dans le roc aboutit au maître-
autel. Il y a, dans le cimetière, un monument
renfermant un saint sépulcre avec des personna-
ges de grandeur naturelle. On a découvert de
curieux sarcophages de granit dans un champ
où furent enfouies les cloches de Reygades,
quand celles du voisinage étaient converties en
gros sous. Desservie par le bureau de poste de
Mercœur, Reygades est à 9 kilomètres de Mercœur, 10 de Beaulieu, 11 d'Argentat, 44 de

Tulle, a 1,138 hectares d'étendue, 1,813 fr. 96 de revenu, 349 habitants, 113 électeurs.

SAINT-MATHURIN-LÉOBAZEL.

Saint-Mathurin-Léobazel, qui doit sa dernière qualification à Léon Basile, est agréablement situé sur un plateau bien cultivé.

Le climat est sec et sain ; le sol calcaire, granitique, schisteux.

Traversé par un chemin vicinal qui le relie à Sexcles, d'où il n'est éloigné que de cinq kilomètres, le bourg est assis au sommet du coteau qui termine le plateau et dont le pied est baigné par un ruisseau qui fait mouvoir trois moulins. L'église, insuffisamment réparée par le regretté curé Chambon, a été complètement restaurée par M. Couderc, prêtre à l'âme élevée, au cœur excellent, à l'esprit cultivé.

On remarque tout près de l'église la spacieuse maison de M. Grange, adjoint.

A un kilomètre du bourg, la belle propriété de Bennes, agrandie par M. Artigues père, percepteur, embellie par M. Artigues fils, médecin, qui a fait un vide immense dans la Xaintrie et laissé d'impérissables souvenirs de sa bonté.

Sur le versant opposé, la forêt et l'élégante habitation de M. Puybouffat, maire de la commune ; la maison Bro et celle de Cande dont l'aïeul fut très longtemps maire. A deux kilomètres du bourg, derrière un massif d'arbres, au bord d'une belle prairie, la maison d'un homme qui fut agriculteur habile, maire actif, utile et cher à sa commune, M. Bayort de la Bitarelle, dont le père et l'aïeul avaient aussi administrés avec zèle et dévouement ; un peu plus haut, le châtelet de M. Lacaze du Fossat, propriétaire du manoir de la famille Bastid, en si haute estime dans le Cantal et si aimée dans notre canton.

Entre le bourg et la confortable maison de M. Peyralbes du Puybouffat, on trouve la carrière de pierres de taille où ont été extraits des blocs immenses pour le pont de Labroquerie et les constructions les plus considérables de Mercœur et d'Argentat.

Desservi par le bureau de poste de Sexcles, Saint-Mathurin est à 10 kilomètres de Mercœur, 15 d'Argentat, 44 de Tulle, a 1,049 hectares d'étendue, 3,121 fr. 74 de revenu, 232 habitants, 62 électeurs.

SEXCLES.

Après avoir parcouru un terrain inégal, un climat froid, un sol dénudé, ingrat, et rencontré à peine, sur sa route, des auberges peu allé-chantes et de misérables cahutes, le voyageur qui vient d'Aurillac à Tulle, fatigué de tant d'a-ridité, repose sa vue sur la fertile vallée qui s'étend de Longvert à Lapagezie et fit appeler Sexcles *Sicca vallis*.

Située au haut de la côte de Labroquerie, tra-versée par la route de Rodez à Limoges, bordée par la Garonne, arrosée par les ruisseaux de La-pagesie, du Peyret et de Vaurs, la commune de Sexcles est une des plus considérables et des mieux cultivées du canton. L'air est pur, le cli-mat doux, le sol fécond et les alentours du bourg offrent l'aspect de la plus riche culture. Les plantes sarclées et les prairies artificielles font disparaitre les jachères.

Entouré d'une vaste et riante ceinture de près et de jardins, embelli par une place ombragée d'un magnifique tilleul, le bourg est dominé par une église de haute antiquité, enrichie de deux chapelles, décorée de sculptures, ornée de vi-traux, surmontée d'un beau clocher. Ses cloches n'étaient pas comme celles de Radenac, qui son-nent toutes seules ; elles étaient, naguère, muet-tes, mais, refondues par l'habile M. Paintandre, elles parlent bien haut, leur son est aussi écla-tant que mélodieux.

Nous ne pouvions payer plus longtemps des

loyers exorbitants, pour des locaux insuffisants : secondé par un conseil municipal sympathique et dévoué et par M. Bardon, architecte du département, lauréat de l'école des Beaux-Arts, mon fils, maire de la commune, a surmonté les obstacles de toute nature qu'on lui avait opposés et fait construire une école double, avec mairie, des mieux appropriées à cette destination, des plus belles et des plus agréablement situées.

Siège d'une juridiction dont les sentences sont enliassées aux archives départementales, Sexcles avait autrefois une importance réelle, comme on le voit par les procès de Ternisien avec de Bar, en 1779, du duc de Luynes avec les propriétaires du Masviel, en 1780 et par la vente des biens de la vicairie de Sexcles, en 1791.

Il eut des hommes connus, en Auvergne et en Limousin : le comte de Scorailles, le chevalier de Montal, Lepée Riouzal, le chevalier de Caussade, qui fit construire ma maison.

Presque tous les vieux manoirs sont tombés de vétusté ou passés en mains étrangères. Les belles propriétés des de Scorailles, des de Montal, des Riouzal, sont morcelées. L'enfant du pauvre est entré dans le manoir désenchanté, l'enfant du travail s'est assis au foyer de la noblesse : la fortune est une fille de condition, qui s'abandonne à des valets.

Il y a cependant encore plusieurs bonnes maisons, et l'une d'elles, sise au bourg, a été le berceau de la famille Lestourgie, famille de très grande notoriété, objet de la plus haute considération, de la sympathie générale, pour laquelle il y aura toujours un rayon d'influence dans lequel rien ne lui résistera et qui a donné, à l'Assemblée nationale, un député aimant le vrai, le juste et le beau ; au département, des conseillers généraux aimés et écoutés, à Argentat, ses meilleurs maires ; à l'armée, de brillants officiers et à l'Eglise des prêtres du plus grand mérite.

Je ne puis rien dire de la maison Chambes de Marlinge, aujourd'hui représentée par M. Teilhet, juge de paix : je craindrais de retarder, par une louange déplacée et peu insinuante, ou par une vérité peu agréable, le paiement des trois mille francs qu'elle doit à la commune de Sexcles, depuis 1861 ;

Rien, du presbytère de Sexcles, qui rappelle de trop pénibles souvenirs, et je dois d'autant mieux me garder de *porter la main à l'encensoir* que M. Antoine Jaulhac, ancien curé d'Aubazine, est né dans notre canton et est fort bien connu ;

Rien des Alènes, des Rabots, des Sabots, des grands buveurs, des bonnes fourchettes ; mais je ne saurais oublier des agriculteurs qui honorent cette commune comme MM. Couderc, Soulié du Bastid, Grange, Peyralbes, Layotte, Durie, Laronde, Laygue, Estourgie, Forse, Bordes, qui s'attachent à leur propriété parce qu'ils savent que, s'il faut suer beaucoup pour se procurer un peu de fortune, celle qu'on acquiert par le travail est la plus durable et celle qui procure le plus de plaisirs ;

Des industriels, aussi estimables que MM. Artigues, Soulié, Gélinard, Beffarol, Peyrou, Laussat, Rigal, qui s'absentent quelques mois et rapportent, chaque année, leurs économies à leur famille ;

Le bureau de poste qui n'a eu, depuis sa création, que des receveuses accomplies : Mlles Morely, Guasson, Monteil et Dumas ;

La maison d'école, occupée par MM. Madelmont et Chassaing, qui ont su gagner la confiance des pères de famille, ne nous feront pas regretter M. Vigier, nous rendront moins sensible la perte de nos chers adjoints, Bordas et Rivassou, et celle de M. Orliaguet qui, en peu de temps, a acquis tant de droits à notre affectueuse estime ;

Je dois aussi conserver la mémoire de personnes qui ont marqué leur passage par des services réels : M. Lacoste fit construire le presbytère en 1825. En 1838, M. Riouzal fit déplacer le cimetière, converti en une place publique, agrandie et embellie par mon fils.

Un prêtre à la haute raison et à l'âme forte, M. Vigier, chanoine titulaire, fonda, avec ses deniers et le produit des souscriptions qu'il recueillit, une école qui a fait un bien immense et que nous aurions encore, si nous l'eussions conservé, ou si nous avions gardé le regrettable abbé Tarieux ou le zélé Despert pour curé. Mais Dieu n'accorde pas à tout le monde l'inappréciable don de bien penser et de bien faire.

MM. Delmont, Clément, Serviès, Carlat, Rigaudière, Meindre et Fournier ne seront jamais oubliés à Sexcles où Mme Mazeyrie continue l'œuvre si méritoire de Mlles Chavergne et Comte et sait admirablement bien remplir ses pieux devoirs de famille et ses délicates fonctions d'institutrice.

Je laisse deux nullités et un suffisant bien connus.

Je me tais sur mon compte : le moi est haïssable, a dit Pascal. Je refais un livre de droit que, m'écrit l'un de nos plus éminents chefs de parquet, ses collègues ont cru bon à mettre dans leur bibliothèque. Je m'approche de la tombe, je suis plus près de mes soixante-dix que de mes soixante ans ; l'étude est, pour moi, une consolation, un plaisir, un besoin : le travail est l'âme de ma vie.

Sexcles montre au touriste son magnifique pont de pierres de taille de Labroquerie, construit en 1830, aux frais du comte de Noailles, par le célèbre Vicat, et sa belle cascade de Lapagesie.

Entre Sexcles et le moulin à foulon de Labroquerie de M. Barrière, on trouve des filons de quartz et de belles tuiles dans les bois de Lavialle.

On a découvert, en divers endroits, des traces de l'occupation anglaise et des vestiges de la domination romaine. On a extrait, à Bellevue, près de la belle propriété de M. Treich, de bonnes pierres meulières et d'excellentes pierres de taille.

Du signal de Maïence où se touchent les communes de Camps, Goulles, Saint-Julien, Saint-Mathurin et Sexcles, la vue embrasse les départements du Puy-de-Dôme et du Cantal.

Sexcles est de toutes les communes du canton celle qui émigre le plus, elle a presque autant d'habitants à Bordeaux que chez elle. De 1847 à 1885, sa population est descendue de 1,125 à 878 habitants, aussi est-elle plus intéressée qu'aucune autre à combattre la funeste tendance qui jette tout dans le tourbillon des grandes villes.

Sexcles, qui a cinq foires dont l'importance a été reconnue dans l'enquête prescrite par le Conseil général de la Corrèze le 21 août 1884, et qui se tiennent les 20 janvier, 13 mars, 30 mai, 24 septembre et 13 novembre, est à 11 kilomères de Mercœur, 11 d'Argentat, 40 de Tulle, 42 d'Aurillac, 15 de Servières, 20 de Saint-Privat, 15 de Montvert; a 2,590 hectares d'étenlue, 15,712 fr. de revenu imposable, 878 habitants et 191 électeurs.

II

CANTON DE SAINT-PRIVAT

—

Communes d'Auriac, Bassignac-le-Haut, Saint-Cirgues, Darazac, Saint-Geniès-ô-Merle, Hautefage, Saint-Julien-aux-Bois, Saint-Privat, Rilhac-Xaintrie, Servières.

—

Situé à l'extrémité méridionale du Limousin, le canton dont Servières était autrefois et dont Saint-Privat est aujourd'hui le chef-lieu, s'étend de la Dordogne à la Maronne et des limites du Cantal aux portes d'Argentat; est bordé, dans sa partie inférieure, par la route de Rodez à Limoges, traversé de l'est à l'ouest par la route de Mauriac à Brive, du nord au sud par le chemin de grande communication de Gramat à Lapleau et borné par les cantons d'Argentat, de Laroche-Canillac, de Laroquebrou, de Mercœur et de Pleaux. Il forme un plateau sec, rocailleux, élevé dont la cime est souvent neigeuse, couvert en grande partie de genêts, de fougères, de bruyères, mais riche en produits minéraux, et drapé, de distance en distance, de vastes forêts, de champs féconds et de fort belles prairies. On y trouve d'excellent granit à structure fine et serrée, du quartz, des masses d'amphiboles, des filons métallifères et de magnifiques débris de la puissance féodale. La vigne prospère sur une partie de son sol au climat variable, mais généralement froid à cause du voisinage des montagnes du Cantal; la pomme de terre y est cultivée partout avec succès et la récolte en grains de toute nature est plus que suffisante pour la consommation de ses habitants.

Il comprend dix communes qui forment autant de paroisses : Auriac, Bassignac-le-Haut, Saint-Cirgues, Darazac, Saint-Geniès-ô-Merle, Hautefage, Saint-Julien-aux-Bois, Saint-Privat, Rilhac, Servières; a 25,483 hectares 58 ares d'étendue, 2,462 électeurs. Sa population, qui était de 10,899 habitants, en 1847, n'est plus, aujourd'hui, que de 9,516. Cette décroissance provient moins des fléaux qui ont affligé la France que de la tendance à émigrer. Ce mouvement n'appauvrit cependant pas le pays, parce que, fils du peuple ou de noble race, maçons ou marchands de parapluies, les émigrés reviennent presque tous et, avec le produit de leur labeur, agrandissent ou améliorent la propriété qu'ils ont momentanément quittée. On a vu les fils des meilleures familles, se soumettant spontanément à cette loi du travail que Dieu a imposée à tout le monde, partir, sans dégénérer dans l'esprit de personne, et rentrer dans leurs manoirs, enrichis et entourés de la considération publique, tandis que beaucoup d'autres cantons se dépeuplent sans compensation, les plus valides allant, sans esprit de retour, solliciter inutilement la fortune dans des pays lointains.

Saint-Privat a un comice agricole. Ses concours sont suivis avec empressement par les agriculteurs du canton dont cette utile institution excite l'émulation.

Je ne dois pas terminer cette esquisse écourtée sans dire un mot des personnalités les plus saillantes des hommes qui se sont dévoués au canton et méritent sa reconnaissance. Je parle, ailleurs, des vivants, je ne parlerai pas, ici, de morts, dont les services ne sauraient être oubliés :

Des Meilhac dont les trois cantons redisent les bienfaits et dont les représentants remplissent si bien le nom ;

De cet excellent conseiller général Vaur, type de bonté et d'urbanité, âme douce et bienfaisante, qui revit dans ses petits-fils, les messieurs de Falvelly, si honorés, si aimés, si dignes de l'être ;

De son noble et magnanime beau-frère, M. Isidore de Laveyrie, qui n'ambitionna que le bonheur de sécher les larmes d'autrui et donna d'une main si libérale qu'il connut l'amertume des déceptions ;

De ce sympathique notaire Puex de Lalo, qui fut le modèle et l'ami de tous ses collègues et dont les fils occupent une si grande place parmi les plus hautes notabilités de la Xaintrie ;

De ce conciliant et érudit juge Jurbert de Lavergne, à la trempe républicaine, à l'esprit vif, au cœur chaud dont le fils et le petit-fils sont tous en si haute estime ;

De ce médecin hors ligne, de ce bien-aimé conseiller général Cisterne de Morel, âme d'élite, esprit libéral, dont un fils, la joie et l'orgueil de sa vénérée mère et l'une des plus chères espérances de la Xaintrie, va continuer les excellentes traditions ;

De cet aimable Gary, notaire, maire, conseiller général, mort si jeune, si regretté et dont la famille est entourée d'une si vive sympathie ;

De cet autre conseiller général et maire, le docteur Manilève qu'on ne pouvait bien connaître sans l'aimer ;

Des Maignac, des Capitaine, des Dufaure, des Bonnélie, des Bos, des Hospital, hommes utiles dont le pays reconnaissant bénit la mémoire ;

Mais je ne saurais me taire sur une des illustrations de la Xaintrie, sur un juge qui fut l'exemple de ses collègues, M. Lafon de La Geneste, juge de paix, conseiller général, dont le souvenir est dans tous les cœurs. Noble de race et de cœur, cet homme à la taille élevée, au maintien grave, à la tenue correcte, à l'esprit droit et de longue vue fit un bien immense dans nos trois cantons. Supérieur à sa place qu'il n'accepta que sur la proposition de M. le président de Verninac, son parent, et sur les instances de M. Favart, dont je viens de relire les lettres, distingué par sa naissance, sa grande fortune, ses belles alliances, son caractère et ses services, il eut un prestige que tout le monde subissait, une autorité que personne ne discutait, une très heureuse et irrésistible influence. Dissemblable aux garçons à vermout qui n'apportent d'autres préparations à leurs charges que celles de les avoir désirées, et aux magistrats qui donnent à leur vie les formes d'un arrêt ou les allures d'un réquisitoire, animé d'un grand esprit de conciliation, accessible à tous, généreux pour tous, il recevait tous ses justiciables avec une exquise bienveillance, éteignait tous les procès, sans accepter la rémunération d'aucun bienfait. Et comme on ne s'élève jamais aussi haut que lorsqu'on s'abaisse par bonté, il devint l'oracle de la Xaintrie.

AURIAC.

Auriac, appelé ainsi parce qu'il avait autrefois le droit de battre monnaie, qu'il était la résidence d'un monétaire, est, de tout le canton de Saint-Privat, la commune qui produit le plus de revenu.

Des hommes d'énergie et d'un jugement sain, MM. Fagis, Vinsot, Despert, Mas, Barbail, Capitaine, Philippon et quelques autres, sachant que le travail est la meilleure source du bien-être et, au point de vue corporel, un élément de force et de santé, ont amélioré leurs prés, leurs champs et mis en valeur des landes appauvries, désolées.

Le clocher de l'église d'Auriac porte un nom significatif, *Tour de César*, et mérite d'être vu. On voit dans cette église, où elle fut apportée, en 1790, la crosse du dernier abbé de Valette, Mathias de Barral. La célèbre abbaye de Valette, où le maréchal Ney vint se cacher, en 1815, fondée par saint Étienne, dont un étroit sentier conserve le nom, est située au bas de rochers sombres, abrupts. On remarque à *Cheyrolles* les ruines d'un ancien château de MM. de Sainte-Fortunade; à *Lalo*, la belle habitation du maire de la commune, M. Tillinat, nature sincère, franche, qui sait se concilier toutes les faveurs, et la maison natale de MM. Valade, qui connaissaient si bien cette fine plaisanterie qui réunit la décence à la liberté et plaît sans offenser ; à *Job*, la demeure d'un octogénaire d'une grande virilité de caractère, qui ne connut pas l'ambition, qui a ses peines, même dans sa hauteur qui n'est souvent que la mesure de son précipice et ne sacrifia jamais l'ascendant moral du prêtre au désir de plaire, M. Duclaux ; à *Déjéjoul*, une chapelle, objet séculaire de la dévotion particulière du village ; à *Coujoul*, le châtelet d'un négociant qui a su s'enrichir et se faire aimer, M. Majon du Ras ; au *bourg*, le presbytère, ouvert à tous, par M. Soulié, neveu du vénérable curé de Rilhac, jeune prêtre, animé d'un grand esprit de prudence et de charité et entouré d'estime et de considération ; la maison d'un médecin à la science positive, au caractère bienveillant, M. Galvaing, et la maison d'école tenue par un instituteur dont tout le monde loue le zèle et le dévouement.

On a trouvé du minerai de fer au *Puy-du-Bassin*. A la cime de cette éminence, qui est à 709 mètres au-dessus du niveau de la mer, on observe un ouvrage d'art pour camper, comme celui qu'on voit à Roche-de-Vic, et on admire la belle statue de la Sainte-Vierge, placée comme un phare au sommet de ce coteau le plus élevé de la Xaintrie par un prêtre dont on bénit la mémoire, M. Cisterne de Maurel.

Séparé de Lapleau et de Laval par la Dordogne, desservi par le bureau de poste de Saint-Privat, Auriac, qui a des foires les 1er février, 8 mars et 2 décembre, est à 10 kilomètres de Saint-Privat, 16 de Servières, 26 d'Argentat, 57 de Tulle ; a 3,489 hectares d'étendue ; 31,918 fr. de revenu ; 1,181 habitants, 302 électeurs.

BASSIGNAC-LE-HAUT.

Bassignac-le-Haut est une des meilleures communes de la Xaintrie, son renom de probité et d'aisance est justifié par l'esprit de sa population et la fécondité de son sol. Le cultivateur aime son champ et sait en augmenter la production. C'est pour cela qu'il émigre peu et n'est point tourmenté par la misère.

Son presbytère, son église, son cimetière sont contigus. On n'a pas éloigné les morts : l'église veille sur eux, comme une mère veille sur ses enfants endormis. Toujours sur ses livres ou dans son église, le curé, M. Grafeuille, mène, au milieu des siens, une vie respectable, exemplaire et s'estime heureux d'avoir pour maire un affectionné parent doué de toutes les qualités attachantes du cœur, M. Duroux.

On remarque, au cimetière, une grande croix qu'on prend, à première vue, pour un monolithe et qui fut donnée par saint Etienne d'Aubazine à Bassignac-le-Haut, sa paroisse natale. Ce grand réformateur de la discipline des cloîtres, qui mourut à Bonnaigue, près d'Ussel, où, dit Dumoulin, *il fut pleuré comme on pleure le père de la patrie,* était, en effet, né à Vieil-Jo, asile de la vertu, où l'on montre encore sa huche, le plus précieux trésor de ce riche village où naquirent aussi M. Segret, l'un des plus aimés supérieurs de Servières, et les MM. Durie, dont Meyssac et Saint-Martin gardent le reconnaissant souvenir. A l'est, à un kilomètre du bourg, l'habitation d'une famille cruellement éprouvée, mais toujours entourée de la plus respectueuse estime et de la plus vive sympathie, la grande et excellente maison de la noble famille Lafon de Lageneste ; au sud, la demeure d'une autre famille connue de longue date pour son honorabilité, s'attirant le respect et l'affection, en faisant le bien sans bruit, sans ostentation, la spacieuse maison de l'estimable famille Cisterne, de Maurel où tout respire l'aisance, la paix et le bonheur et où le très sympathique M. Joseph-Albert Cisterno, frère de *deux grands rameurs de la barque de Saint-Pierre*, médecin du plus grand avenir, va continuer les bienfaisantes traditions de M. Félix Cisterne, son père, médecin du plus beau renom, ancien conseiller général, ancien maire, ancien juge suppléant; près de Maurel, à Sirey, la demeure d'un homme de calme et d'équité, M. Garrigou, ancien notaire, et, non loin, la confortable maison d'un homme de cœur et de fortune, M. Vigier.

Borné par les communes d'Auriac, de Darazac, de Servières et par celles du Gros-Chastang et de Marcillac dont il est séparé par la Dordogne, traversé par le chemin de Gramat à Lapleau, desservi par le bureau de poste de Saint-Privat, Bassignac-le-Haut est à 8 kilomètres de Servières, 9 de Saint-Privat, 26 d'Argentat, 56 de Tulle, a 1,953 hectares d'étendue, 15,606 fr. de revenu, 873 habitants, 208 électeurs.

SAINT-CIRGUES.

Lorsqu'on va de Mercœur à Saint-Privat, en suivant le chemin de grande communication de Gramat à Lapleau, on trouve à cinq kilomètres du pont de Merle, jeté sur la Maronne à trente-cinq mètres au-dessus du niveau de l'eau, le petit bourg de Saint-Cirgues qui n'est pas le moins agréable du canton de Saint-Privat.

On remarque, à droite, l'église embellie par les soins du zélé curé Champeil, dont les pieuses traditions sont continuées par son successeur, M. Chadirac, qui, après avoir fait preuve d'un courage simple et modeste sous les drapeaux, est, aujourd'hui, comme prêtre, un modèle de douce charité, de bienveillance et d'abnégation, accomplissant admirablement bien son ministère de paix et d'amour.

Touchant à l'église, le cimetière qu'on n'a pas éloigné, afin d'engager la génération qui vit à se rappeler la génération éteinte ;

Tout près, précédés de cours, de parterres et de jardins bien tenus, le presbytère refait à neuf avec appartements bien distribués;

La bonne maison de l'excellent maire, M. Jules Puex, homme de cœur, de sens et d'assez d'esprit pour arriver par lui-même et faire fortune, et la charmante habitation de son digne adjoint, M. Laroche.

A un kilomètre, à l'est, sur une éminence dominant le bourg, on voit la maison natale des MM. Puex de Lalo, l'une des plus considérables de la Corrèze.

Maître du manoir de messire Guillaume de Veilham, garde de la Manche-du-Roi, en 1776, l'un des plus riches propriétaires de l'arrondissement de Tulle, M. Puex père fut beaucoup dans la Xaintrie, parce que c'est par le bien qu'on fait qu'on est quelque chose : sans ambition, sans vanité, il fit tout le bien qu'on peut attendre d'une fortune indépendante et d'une vertu éprouvée. Personne n'exerça, dans sa commune, plus grande et plus salutaire influence.

Notaire, président de la chambre des notaires, il eut l'estime de l'autorité, la confiance de ses clients et les vives sympathies de tous ses collègues. Propriétaire, il inspira l'amour du sol, fit voir la stabilité dans le bonheur de la vie de famille ; cette vie du foyer où l'on pense, où l'on sent en commun et qui est le meilleur conseiller des résolutions fortes. Père de famille tendrement aimé, il développa dans le cœur de ses enfants les idées qui font la force et le charme de la vie, ces sentiments qui les font estimer et chérir et il put les voir, avant de mourir, réaliser dans des carrières différentes ses plus chères espérances.

A Salès, on distingue les élégantes maisons de MM. Clavières et Pourty ; à Maurs, la confortable demeure de M. Champeil.

Saint-Cirgues s'honore d'avoir donné le jour au pieux fondateur de la maison de Servières, M. Capitaine, qui eut une très grande force d'âme et les deux ailes que Corneille désire à l'homme pour s'élever de terre, la pureté de cœur et la simplicité ; prêtre distingué entre tous les plus estimés de son temps ; maître qui sut enseigner la raison et les mœurs ; former des disciples dignes de le surpasser et fut grand aux yeux de ses contemporains, parce qu'on est grand dans l'opinion des hommes quand on leur est utile ; qu'il rendit d'éminents services à son pays.

Le climat est assez doux ; le sol passablement fécond.

Les principaux propriétaires, MM. Puex, Serieis, Champeil, Clavières, Pourty, Laroche, Monange, Chantarel, Aulon, Chalmette et bien d'autres s'adonnent à l'agriculture et surtout à la culture potagère, qui occupe peu le sol, donne un bénéfice prompt et nécessite peu de frais.

Borné par les communes de Saint-Geniez, de Saint-Privat, de Saint-Julien et par celles de Goulles, de Saint-Bonnet, de Rouffiac et de Cros dont il est séparé par la Maronne, Saint-Cirgues, surnommé la Loutre, est à cinq kilomètres de Saint-Geniez, sept de Saint-Privat, onze de Servières, dix-huit d'Argentat, cinquante de Tulle ; a 8,400 hectares d'étendue, 18,813 fr. de revenu, 794 habitants, 194 électeurs.

DARAZAC.

Darazac, qui formait, au xe siècle, une vicairie mentionnée dans une charte du cartulaire de Beaulieu de 954, est la moins étendue et, après Saint-Geniès, la moins peuplée des communes du canton, mais elle est une des plus heureusement situées et des mieux cultivées. Les communications sont faciles : son chef-lieu est traversé par le chemin de grande communication de Gramat à Lapleau et relié à ses principaux villages par des chemins vicinaux en bon état. Ce gracieux bourg a un caractère fort animé ; ses fêtes sont suivies et on remarque sa gaieté communicative les dimanches.

Sa population s'adonne à l'agriculture, n'est

pas dévorée par la soif d'amasser, ne demande son bien-être qu'à son travail, sait se suffire et est également éloignée du luxe et de la misère.

Il n'y a pas, à Darazac, de ces forts en gueule qui ne connaissent que les injures, les violences de langage et donnent aux réunions et aux feuilles vomissant la calomnie le temps qu'ils devraient consacrer au travail. Des hommes d'indépendance et d'activité : MM. Grafoulière, Laygue, Cisterne, Capitaine, Bancharel, Brajou, Boudios, occupés du sérieux, du prosaïque de la vie, ont donné l'impulsion, en multipliant les engrais, créant des futaies et des prairies artificielles, et leur exemple a été salutaire.

Darazac n'est cependant pas étranger à toute industrie : M. Jurbert est entré avec succès dans la voie tracée par MM. Combes, Grafeuille, Charageat, Puex, Tillinat, Mielvaque, Descabroux, Sels dont, à bon droit, notre Xaintrie s'honore ; et M. Berche, son gendre, s'est épris d'une belle passion pour la science, cette reine du monde moderne, qui lui a donné l'aisance.

D'autres : MM. Lacroix, maître d'hôtel ; Giron et Joubert, teinturiers, exercent très utilement leur commerce dans la commune.

Le presbytère est l'un des plus remarquables du canton, et nul prêtre ne sait mieux que le digne successeur du très zélé abbé Valette, M. Chadirac, encourager la vertu et compâtir à la souffrance.

La maison d'école est tenue par un instituteur et une institutrice qui donnent également bien l'instruction qui élève l'esprit et l'éducation qui forme le cœur.

En acclamant maire le docteur Laygues, la commune a manifesté son estime et ses sympathies.

Borné par les communes de Saint-Privat, de Saint-Julien, de Bassignac, d'Auriac et de Servières, desservi par le bureau de poste de Saint-Privat, Darazac est à 5 kilomètres de Saint-Privat, 10 de Servières, 23 d'Argentat, 52 de

Tulle ; a 1,455 hectares d'étendue, 9,479 fr. de revenu, 632 habitants et 176 électeurs.

SAINT-GÉNIÈS-Ô-MERLE.

Saint-Géniès-ô-Merle est la commune la moins importante du canton. Elle n'a que 598 habitants, 131 électeurs, 1,582 hectares d'étendue, 3,833 francs de revenu. Son bourg ne compte que six feux et n'offre aucun intérêt particulier.

L'intelligent curé Debertrand, qui en est la personnalité marquante, fait oublier sa difformité par son activité ; mais, devenu propriétaire dans sa paroisse, il aura grand besoin du secours d'en haut pour faire mentir le proverbe : *Nul n'est prophète en son pays.*

Cette petite commune est riche en souvenirs rappelés à ses compatriotes par un grand maitre de l'université de France dont la Corrèze s'honore, en sites admirables pour un peintre cherchant un motif de tableau.

A un kilomètre au-dessous du bourg, au bas d'une colline rocheuse, abrupte et nue, dans une gorge tortueuse et profonde, à 500 mètres du pont suspendu, qui lie Saint-Géniès à Goulles, dans un étroit méandre décrit par la Maronne, sur une saillie de granit presque inacessible, on voit les curieuses et magnifiques ruines du vieux manoir des seigneurs de Merle que la nature et l'art semblent avoir voulu rendre inexpugnable, enveloppé de toutes parts de collines bordées de précipices comme d'un mur de sûreté. Cette forteresse titrée dont les débris attestent encore la splendeur passée et portent tous les caractères de la plus haute antiquité, passa de la maison de Tayzac, qui se défendit contre les Anglais, en 1389, dans celle de Bertrand de Laborie, qui épousa Marguerite de Pleaux, en 1574.

Merle était encore, au xviiie siècle, une châtellenie importante dont M. Cabannes fut reçu

notaire, le 20 janvier 1760 et M. Pénières
Delzors juge, en 1765.

En suivant le cours sinueux de la Maronne,
on trouve, sur la rive droite, resserré entre des
bords à pic, un ombreux, fertile et riant vallon,
propriété de M. Prosper Combe, qui n'a plus
l'écharpe de maire, mais a toujours l'estime et
les sympathies du public.

A deux kilomètres d'Haute-Brousse, au Vert,
on admire le bel et bon immeuble du coq de ce
village, M. Capitaine, l'un des agriculteurs les
plus laborieux et les plus aisés du pays; plus
près du bourg, à Nalou, la maison en bel air
et bien située de M. Marinie dont il serait très
difficile de parler sans en dire beaucoup de bien.
J'oublie le méritant instituteur et de très hono-
rables travailleurs : MM Jougounoux, Clavières, Magnac, Coucharrière, Gasquet. Desservi par le bureau de poste de Saint-Privat,
Saint-Géniès est à 11 kilomètres de Servières,
10 de Saint-Privat, 50 de Tulle, 29 de Mercœur,
20 de Pleaux.

HAUTE-FAGE.

Exposé au midi, sur le penchant d'une colline
abrupte dont la base est baignée par la Maronne
et dont le sommet est couronné d'un charmant
bouquet d'arbres verts, formant un abri naturel
contre les vents du nord, Haute-Fage, vu de
Sexcles qui se trouve en face sur la hauteur
opposée, offre le plus gracieux aspect. Ses maisons les mieux bâties sont rangées autour de
sa place.

En attendant la construction projetée et mieux
en rapport avec sa destination, l'une de ces
maisons dont l'appropriation facile eût dégagé
la voie publique et embelli la place, réunit l'é-
cole des filles et celle des garçons, parfaitement
tenues par Mme Fageardie et par M. Lauliac,
l'un des propriétaires les plus considérables et
les plus aimés de la commune.

Le jeune et populaire maire, M. Escure fils, de Labroue, fait les plus louables efforts pour ne pas laisser regretter la paternelle administration de MM. L'hospital, Brou, Bonnélie et Dubal.

La paroisse est habituée à avoir des prêtres du plus grand mérite. Labiche de Reignefort comparait à saint Chrysostôme le zélé Coste, l'un d'eux. Le curé actuel, M. Valette, n'est au-dessous d'aucun de ses prédécesseurs. Sa belle église, décorée à ses frais avec un luxe de bon goût, le fait assez connaître. Ses actions sont animées du seul désir de plaire à Dieu et marquées du sceau de la plus ardente charité; il laisse ignorer ses bienfaits au malheureux qu'il soulage, mais son nom est connu, aimé, béni au foyer du pauvre. Il a pour auxiliaire et pour ami un vieillard qui veut mourir sur le sol qui l'a vu naître, un noble cœur, une âme généreuse, respirant l'air natal et le feu de la charité : M. Bonald, chanoine honoraire, ancien curé d'Altillac.

On remarque les hôtels de MM. Bonald et Taphanel, bien connus des gourmets. En sortant du bourg, on aperçoit, à 500 mètres à droite du chemin de Saint-Privat, l'ancienne demeure du bon et noble de Laveyrie dont la Xaintrie chérit la mémoire et dont l'estimable et bienveillant M. Raymond, inspecteur des postes et télégraphes, gendre de l'excellent M. Sergent, a restauré le manoir sans en renverser la marmite.

A 600 mètres du château de Laveyrie, sur le même chemin, au haut d'une très grande prairie bordée d'une futaie considérable bien garnie et bien percée, on trouve le village de Meilhac, berceau de la famille de ce nom, si connue et si honorée du pays.

L'heureux possesseur de tout ce village, M. Lafon de Lageneste, qui se connait en agriculture, sachant qu'il faut faire des avances à la terre pour lui faire rapporter tout ce qu'elle peut produire, surtout quand les couches de terre sont peu profondes, l'a divisé en plusieurs exploitations très productives et en a fait une des plus belles propriétés de la Xaintrie.

Un peu plus haut, on remarque la maison en belle vue de l'excellent docteur L'hospital de Dumbert, justement fier des vives sympathies qu'il inspire.

A l'ouest, à un kilomètre du bourg en descendant au pont de Labroquerie qui lie Haute-Fage à Sexcles et à Mercœur, on voit, à droite, trois hameaux contigus : *Le Chastel, Garel* et *Laufié,* qui ne forment qu'un village qu'on pourrait appeler le village de l'érudition.

Ce village a donné le jour à des hommes de suréminent mérite : à M. Joseph Broue, qui fut l'un des meilleurs supérieurs du grand séminaire de Tulle et qui est représenté par M. Jean Broue du Chastel, son digne neveu ; à M. Justin Verniolle, supérieur du séminaire de Servières, prêtre à l'âme élevée, que tous les hommes de lettres connaissent et qui force l'admiration des plus indifférents ; et à M. Victor Villadard, curé de Servières, nature d'élite qui gagne tout par la bienveillance, cette fleur de l'amitié.

Sur l'autre versant au nord, à deux kilomètres du bourg, on remarque la maison de M. Bonnélie, l'un des plus riches propriétaires de la Xaintrie-Blanche, et, plus près du populeux village de Charlannes, celle où naquit le pauvre curé Nevot, qui laissa ignorer à tout le monde le bien immense qu'il fit.

Tout près se trouve Labroue, *Alboresca* dont il est parlé dans l'histoire des Gaules et dont la pierre meulière est fort recherchée ;

Un peu plus bas, Laborderie où demeure un des hommes les plus estimés et le plus dignes de l'être, M. Dubal ;

Au pied de la colline dans un étroit vallon planté de vigne, le château de Graffeuille, ancienne demeure d'un homme aussi très recommandable, M. Caze ;

Au bas de l'autre versant, la propriété de Pradeau, du laborieux et aisé M. Lagane ;

Un peu plus haut à la limite de Sexcles, le

village de Labroquerie qui appartient presque tout à MM. Escure, Maisonneuve et Brajoux, renommés pour l'amour du sol et du travail.

Traversé par la route de Pleaux à Argentat, bordé par la Maronne et la route nationale de Tulle à Aurillac, borné par les communes d'Argentat, de Lachapelle, de Mercœur, de Servières, de Saint-Geniez et de Sexcles, Haute-Fage est à 8 kilomètres de Servières, 9 d'Argentat, 12 de Saint-Privat, 37 de Tulle, a 2,406 hectares d'étendue, 13,637 fr. de revenu, 896 habitants, 273 électeurs, et des foires les 2 mars, 10 mai, 9 septembre et 8 décembre.

SAINT-JULIEN-AUX-BOIS.

Saint-Julien-aux-Bois, ainsi nommé à cause des forêts qui couvrent son sol, est la commune la plus étendue et la plus peuplée du canton de Saint-Privat. Il a d'immenses landes sans caractère pittoresque, dont la mise en culture deviendrait une source de fortune et qui ne servent guère qu'à la nourriture des animaux. Cependant, en faisant des semis et une meilleure distribution des eaux, quelques cultivateurs actifs, éclairés, aisés, ont amélioré la température et enrichi le pays.

Traversé par la route de Mauriac à Brive et par un chemin vicinal bien entretenu, le bourg offre un bel aspect. Il dépendait, autrefois, de Roufiat, était chef-lieu d'une vicairie dont il est parlé dans une charte de Beaulieu ; eut sa juridiction : de Veilhan ; Penières et Veyrat, pour juges ; Pane, pour notaire ; de Meilhac, pour greffier. L'église, le presbytère, les écoles, ne laissent rien à désirer, et cela ne surprend pas ceux qui connaissent le maire, le curé et les instituteurs.

On remarque, en face de l'église, la charmante habitation d'une femme de bien, l'estimable M#e Hourtoule.

A 500 mètres du bourg, au sud, le gracieux village de Clemensac, embelli par ses industriels; à double distance, le Jaladis, demeure de M. Champeil qui fut maire zélé, médecin actif, habile, recherché, et qui, toujours facile à vivre, demeure entouré de la plus affectueuse estime.

A quelques pas du Jaladis, l'antique manoir du seigneur d'Alboy, précédé d'une grande et belle allée plantée d'arbres magnifiques, appartenant, aujourd'hui, à M. l'abbé Barbe, prêtre d'une inépuisable bonté et qui a, au suprême degré, cette douce affabilité qui est la politesse du cœur.

Près du château d'Alboy ou du Bois, le village de Laporte, demeure d'un ancien et fort estimé maire qui ne veut devoir son bien-être qu'à son travail, M. Grafeuille, et d'un greffier très sympathique qui a les relations les plus belles et les connaissances les plus utiles, M. Molinié.

A Saint-Pierre, où Raymond de Scorailles avait fondé un couvent de Cordeliers en 1095, la demeure des MM. Lapie, ancienne habitation d'un homme ingénieux dont les rares aptitudes ont été mises en relief à Besançon où il s'est fait un nom honoré dans l'industrie horlogère, qui occupe plus de quarante mille ouvriers dans le département du Doubs, M. Garel.

A 3 kilomètres, au sud-est du bourg, la belle propriété de l'excellent M. Leconet, maire sagement progressif, cédant souvent par déférence, mais n'acquiesçant jamais en aveugle aux sentiments d'autrui.

Au nord, à Labesse, trois maisons qui ne r. menacent pas ruine, celles de MM. Hourtoule, Molinié et Roumieux dont l'honorabilité est connue et la situation inattaquable.

Au sud-ouest, celles de deux familles non moins estimées, MM. Barbail et Bard, de Doulet.

Desservi par le bureau de poste de Saint-Privat, berceau de la famille Penières, si connue et si honorée dans la Xaintrie, Saint-Julien, qui a des foires les 25 février, 25 mars, 20 septembre, 26 décembre, est à 4 kilomètres de Saint-Privat, 9 de Pleaux, 52 de Tulle; a

4,408 hectares d'étendue, 26,954 fr. de revenu, 1,246 habitants, 340 électeurs.

SAINT-PRIVAT.

Saint-Privat, appelé le *Betugum*, en 887, formait, au ıx⁰ siècle, une vicairie démembrée de celle d'Argentat et dont il est parlé dans une charte de 1190.

C'est encore un lieu vivant, bien habité, très fréquenté, siège de la justice de paix, résidence de deux notaires, d'un médecin, d'un percepteur, d'un receveur de l'ensegistrement, d'une receveuse des postes et télégraphes, d'un agent voyer, de deux huissiers et d'une brigade de gendarmerie à pied.

Le 11 août 1884, un violent incendie détruisit, en moins d'une heure, les deux tiers de ce bourg et réduisit plus de cinquante ménages à la plus affreuse misère.

Mais Dieu mesure les consolations à l'étendue des souffrances : un comité fut organisé, des souscriptions furent ouvertes, notre éminent compatriote, M. le général Billot, fit un chaleureux appel à la commisération du Conseil général, qui, s'associant à l'infortune des nombreuses victimes de cet immense désastre, leur vint en aide dans une très large mesure ; tous les hommes de cœur voulurent que le pauvre eut un abri contre un si grand malheur et put s'asseoir au banquet de la vie.

Saint-Privat a repris son air riant et animé, les affligés ont traversé la misère sans s'y amoindrir au moral. L'ami bienveillant qui regarde dans notre âme nous fait tant de bien ! Il n'y a plus ces tristes demeures, insuffisant asile de la pauvreté. On ne voit pas, dans ses hôtels et ses restaurants, tous fort bien tenus, des gens mangeant plus que leur faim, buvant plus que leur soif, mais on y dine très bien et festoie souvent.

Tous les notables de la commune qui ont pris

l'initiative de cette réparation et tous ceux qui y ont contribué ont assurément droit à la re-connaissance publique, mais deux surtout se sont rendus populaires par leur bienfaisance : le maire et le curé de la commune ont rivalisé de zèle et de dévouement en ces nécessités pressantes.

Digne fils d'un homme doué d'un flair merveilleux, qui prit, comme maire, conseiller d'arrondissement et juge de paix et a su garder un grand ascendant sur son canton, M. Baptiste Chadirac, maire sagement libéral, médecin à l'abord facile, au caractère doux, aux manières insinuantes, a acquis, par sa générosité et ses services, une très grande notoriété et beaucoup ajouté à son utile et heureuse influence qui grandit chaque jour.

Aussi obligeant, aussi estimé, aussi aimé, l'excellent curé M. Valeille, animé d'une foi vive, d'une charité ardente et de cette bonté exquise que Mgr Denéchau appelle la vertu de l'âme, a su si bien propager les saines doctrines, inspirer l'esprit d'union et de paix, instruire et édifier, par ses paroles et ses exemples, qu'un lien d'amour serre les rangs de cette bonne société de Saint-Privat dont fait, en ce moment, partie un prêtre d'infiniment d'esprit et de talent exceptionnel, déjà en grand relief, M. Vialard, docteur en théologie et en droit canon.

Le prétoire n'est séparé du presbytère que par la route de Tulle à Mauriac, qui traverse le bourg.

Il y a là un juge de paix qui n'est pas arrivé, comme d'autres, par la douce impulsion d'un vent favorable, dont les défauts et les embarras, s'il en a, sont ignorés de tout le monde, qui n'a pas de peine à concilier ses amitiés particulières et ses préférences politiques avec ses devoirs, voit en ses justiciables des êtres de raison et non des porteurs de vote et ne peut être suspecté de trop douce condescendance pour ses amis et de raideur pour ses adversaires, M. Sneider, type de l'Alsacien pur sang, avec son air de franchise et de bonhomie, cache sa ferme volonté sous un air de concession à autrui et se fait toujours écouter, parce qu'on aime à suivre les conseils tombés des lèvres d'un homme sage qu'on sait animé du seul désir de bien faire.

Aussi, près de l'église, est la demeure du bien-aimé gendre de l'actif, aisé et serviable M. Combabessou, M. Alphonse Mons, notaire, esprit pénétrant, solide, orné, très apte aux affaires et sympathisant avec tout le monde.

Plus haut, celle d'un homme à l'esprit mûr, cultivé, qui vit heureux avec sa douce philosophie, M. le docteur Roumieux.

Près de lui, un homme, au regard doux, assuré, intelligent, nature grave, bienveillante, M. Beaufils, percepteur modèle, qui a compris, comme lui, que, pour valoir tout leur prix, les âmes humaines veulent être accouplées. Un autre homme aux tendances libérales, le populaire, ancien huissier, Lauliac, adjoint, qui prend une part active et assidue aux travaux du conseil municipal et un autre fils et successeur d'un huissier dont la bonté fut proverbiale et l'activité prodigieuse, l'intelligent M. François Basset dont le dévouement est à toute épreuve et très souvent utilisé.

A la sortie du bourg, sur le chemin de Saint-Privat à Saint-Cirgues, on remarque la spacieuse maison d'école, tenue par un instituteur qui sait plaire, intéresser, instruire, M. Sirayzol, et l'agréable demeure de M. Faucher, qui n'a que des amis.

Je devrais parler de M. Hourtoule, vicaire, qui modèle son âme sur celle de son exemplaire curé; de l'estimable receveuse des postes et télégraphes, Mlle de Negraval; de l'intelligent receveur des domaines; du personnel de la caserne; de l'aimable Guyot; de MM. Plase; Labeslie; Salles; Gorju; Farges; Chauvet; Deymar; Dufaure, riches du fruit de leur travail et de leur modération, mais j'ai trop à dire de la commune et mon cadre est très restreint.

A trois kilomètres de Saint-Privat, sur la route d'Argentat, on aperçoit une grande prairie, émaillée de fleurs, bordée d'arbres verts et un charmant parterre précédant une gracieuse villa derrière laquelle s'élève un château d'où la vue s'étend fort loin : Hantebrousse, ainsi nommé parce qu'il est le point culminant d'un plateau où la bruyère abonde. C'est la demeure de l'aîné d'une des familles les plus considérables et les plus estimées du pays, M. Adolphe Puex, avocat, qui vient d'ajouter à son riche patrimoine l'antique manoir des de Meilhac, délicieux jardin, vaste terrasse, chapelle et sépulture autour du château, belle promenade dans le bosquet, admirable belvéder dans le parc, jets d'eau dans le jardin et dans la prairie, tout excite l'intérêt à Hantebrousse qui a une école on ne peut mieux tenue par M. Flammary, que tant de liens attachent à Saint-Privat, où se tiennent d'importantes foires le lendemain des Rois et le mardi de Pâques.

Par le sortable mariage de ses enfants, avec sa vivacité d'esprit, sa noblesse de sentiment, et ses relations sociales, se voyant dignement continué par son fils, M. Adolphe Puex serait l'homme le plus heureux du monde si sa santé était aussi forte que son caractère, mais sa vie n'est qu'une longue souffrance; toutefois comme les peines loin d'aigrir les grandes âmes, les élèvent, le noble patient souffre avec résignation.

Il a pour voisin le meilleur des frères, l'honorable et très honoré ancien conseiller général du canton, M. Isidore Puex, ancien maire, ancien juge suppléant, ancien président de la chambre des notaires, licencié en droit, notaire, modéré dans ses opinions, ferme dans ses convictions, qui ne fait pas ses affaires au cabaret, ni passer l'esprit avant le bon sens et s'attache à mériter l'estime publique sans la rechercher. Fils et gendre d'hommes dont : nom est synonyme d'honneur, il est fier de ce double héritage qu'il laissera intact à ses enfants, entourés d'affection et de respect. De Massoubro qu'il a acquis de son sympathique neveu, M. Mongause du Breuil, M. Puex voit le grand étang et le beau château de Malesse, autrefois siège d'une juridiction, aujourd'hui propriété de M. Isidore Chadirac, ancien maire, ancien juge, avenant, bien pensant, père du maire dont je compléterais l'éloge s'il m'était permis de dire tout ce que mon cœur pense, et pourtant tout ce que j'admire m'est cher et tout ce qui m'est cher ne peut m'être indifférent. Un peu plus bas, la belle propriété de M. Mallevialle de Nadieu.

Le rédacteur de l'un des plus grands journaux de France, le spirituel Champsaur, disait dans un article reproduit par le *Corrézien : Tout campagnard qui apprend à lire et à écrire renonce dans son cœur à la campagne.* Cette opinion ne sera pas admise à Saint-Privat où le travail des champs est en grand honneur, et voici, près du bourg, un homme de valeur et d'une indépendance complète qui en est la glorification ? Fils d'un agriculteur laborieux et aisé, M. Mallevialle de Nadieu, actif, intelligent et instruit, n'a pas déserté la maison paternelle; il a exploité, agrandi, embelli sa propriété, est devenu l'un des hommes les plus riches et les plus estimés de la commune, et sa pieuse sœur enseigne dans une maison d'éducation qui sait admirablement bien développer la puissance morale et intellectuelle des enfants. Un peu plus haut, celle d'un homme en situation et aux convictions sérieuses, M. Dufaure de Lacour.

Plus près du bourg, un château dont l'histoire ferait l'apologie, le noble repaire *des Chassants,* où naquirent du Chassain, juge de la châtellenie de Servières, Pranlat, chevalier de Saint-Louis; du Chassaing, vicaire général, dont les représentants rappellent si bien la franchise et la noblesse et qui vient de passer en des mains qui ne pourront que l'embellir.

Gendre de M. Jurbert qui jouit d'une grande notoriété dans le monde industriel, le nouveau et très heureux propriétaire du vieux manoir,

M. Berche, éditeur, dont la capacité intellectuelle et l'activité furent le capital primitif, a été
si laborieux, si tenace, qu'il a plu à la fortune,
acquis la terre des Chassants, et, avec son abord
gracieux et bienveillant, son caractère rempli
de douceur et de bonté, se fait aimer de tous
ceux qui apprennent à le connaître.

A trois kilomètres de Saint-Privat, à l'est, on
remarque Cautine, propriété de M. le baron de
Cautine, gendre d'un commerçant enrichi, dont
j'ai admiré la loyauté, homme de grande race,
qui a les allures et la tenue d'un parfait gentle-
man.

La reconnaissance ne germe pas dans tous
les cœurs et l'amitié n'est pas un aliment pro-
pre à tous les tempéraments. Il n'y a pourtant
que reconnaissance et affection pour une famille, la famille Jurbert de Lavergne, qui est
une des premières dans l'esprit de tout le monde.
Je crois voir encore celui que j'appelais le
Nestor du canton, homme au cœur d'or, à
l'âme d'airain, et bien que le souvenir des morts
s'efface trop aisément de la mémoire des vivants, un tel homme ne saurait tomber dans
l'oubli.

Borné par les communes de Darazac, d'Haute-
fage, de Saint-Cirgues, de Servières et de Saint-
Julien-aux-Bois, desservi par le courrier de Tulle
à Mauriac, Saint-Privat, dont le climat est variable et un peu âpre, est à 48 kilomètres de
Tulle, 8 de Servières, 12 de Pleaux, 18 d'Argentat, 28 de Mercœur; a 3,286 hectares d'étendue,
18,437 fr. de revenu, 1,225 habitants et 329
électeurs.

RILHAC-XAINTRIE.

Située à l'extrémité orientale du canton, à la
limite de la Corrèze et du Cantal, la hauteur de
Rilhac est une langue étroite de lave basaltique
qui s'étend de l'est à l'ouest de la sommité granitique du village du Mont jusque dans le Cantal.

On a trouvé, à sa surface, deux cônes d'éruption : l'un à l'extrémité occidentale, l'autre au milieu, près de *Vigis*, où l'on a ouvert deux carrières, afin d'exploiter cette lave pour les constructions, la nature fossile en facilitant l'extraction et l'emploi.

Du haut de ces deux petits cratères, on découvre d'admirables points de vue : on distingue fort bien les cimes du Cantal, du Mont-Dore, du Puy-de-Dôme. Cette situation a fait nommer *Frontière* un des villages de la commune. Les limites de la cité limousine, suivant les rives du Chavanon et de la Dordogne, passaient à l'est de Rilhac, à l'ouest de Pleaux, à *Frontière* ; le diplôme de fondation du monastère de Saint-Pierre-le-Vif à Sens, contenant donation de Rilhac, de Visis, de Paul Prat, daté de l'an 499 et attribué au roi Clovis, donne ces limites.

Le voisinage des montagnes refroidit le climat, mais l'air est pur et sain ; le terrain est favorable à la culture, surtout à l'élevage des bestiaux.

Rilhac est la commune la plus riche du canton de Saint-Privat et de toutes celles qui portent le même nom. Ses terres et ses prairies sont incomparablement les meilleures. Il n'a que 2,530 hectares d'étendue, mais son revenu égale presque celui d'Auriac, qui en a 3,489 fr., et dépasse de beaucoup celui de Saint-Julien-aux-Bois, qui en a 4,408 fr.

Il n'y a pas de commune où le champ soit plus aimé, ni de paroisse où la religion soit plus en honneur. C'est, eu égard à sa faible population, le lieu de France qui a donné le plus de prêtres à l'Église, et, si tous les morts sont bons, la flatterie ne peut avoir de part à l'éloge d'une pépinière d'hommes modestes et utiles qui ont jeté la bonne semence : les idées de justice et de vérité dans tous les esprits : M. l'archiprêtre Lavergne de la Chalmette, si méritant qu'on le crut, un jour, évêque de Saint-Flour ; M. Jougounoux, curé de Sainte-Marie de Limoges, que ses paroissiens n'oublieront jamais ; M. Tray-

mon, remarqué pour son savoir et par l'humilité, base de toute vertu solide; M. Brousse
d'Embrousse, curé de Monceaux, qui fut l'exemple de ses confrères; M. Vieillefond, curé de
Beaulieu, remarquable par la chaleur de son
âme et la rectitude de son esprit; MM. Serieys
et Peyrou, dont les paroisses d'Allassac et de
Nonards chérissent la mémoire; l'aumônier
Peyrat, décoré sur le champ de bataille pour
avoir gagné des âmes à Dieu et conservé des
soldats à la France; l'abbé Tarrieux, curé de
Chamboulive, qui avait la clef de tous les cœurs
qu'il savait prendre par suavité et qui est mort
bien jeune, mais Dieu n'abrège les jours de la
vertu sur la terre que pour les allonger dans le
ciel.

Ces nobles travailleurs et d'autres que je
pourrais nommer sont continués par des prêtres
qui honorent leur paroisse natale:

M. Jougounoux, curé de Saint-Pierre, dont la
piété et la bénignité sont connues; le vénéré
chanoine Vigier, ancien curé de Servières, que
Sexcles regrette si vivement; M. Gary, curé de
Saint-Mexant, dont la rondeur, la bonhomie et
le désintéressement sont si appréciés; M. Mialaret, curé de Laroche, qui joint à la dévotion
la plus sincère les qualités du plus aimable esprit; MM. Manilève, distingués entre les meilleurs prêtres de Saint-Flour; le doyen de Vi-
geois, M. Filliol, aussi remarquable par sa
piété que par son abnégation; M. l'aumônier
Delpeuch, remarqué pour l'ingénieuse habileté
de sa dialectique, et bien d'autres encore. Si
Rilhac a eu tant de prêtres, c'est qu'il a eu des
hommes du plus grand mérite pour curés. Le
curé actuel, M. Soulié, chanoine honoraire,
ancien économe de Servières, prêtre à l'esprit
bienveillant, conciliant et ferme, encouragé par
le bien qu'il a fait, oublie les années, les soucis
et les maux de la vie, ne pense qu'au bien à
faire, et sa vie, pleine de bienfait, est l'objet de
l'admiration publique.

Il ne faudrait pas croire, après cela que, dans

cette commune, les prêtres seuls ont des qualités solides : il y a des familles ennoblies par le travail ; des hommes comprenant que leur premier devoir et leur plus grand intérêt est de s'attacher à la culture de la terre ; que l'épargne est le plus sûr élément de fortune et dont les efforts sont féconds ; des femmes judicieuses qui sont l'âme de leur maison.

Aussi les maisons sont-elles bien tenues, les terres travaillées, productives ; et le portrait chargé du spirituel Alphonse Karr ne s'applique pas aux travailleurs d'Embrousse, de Vigis, de Paul Prat, de Rodière, de Vébrer, de Charel.

Rilhac aime à rappeler son glorieux passé : Jean de Rilhac, son noble châtelain, était l'écuyer et l'ami d'Henri IV, qui lui écrivait, lui disant : *vostre plus assuré ami.*

M. le docteur Manilève, maire de la commune, se félicite d'avoir ces autographes, plus fier encore des souvenirs laissés par son estimable père, médecin désintéressé, conseiller général écouté et se sent heureux de l'imiter.

Rilhac a ses vaillants soldats de fortune : MM. Peyrat, Chamard ; son affectionné et très recherché notaire, M. Ballit ; son sympathique receveur buraliste, M. Gary, et, à Embrousse, un homme fortuné, qui a sur ses voisins la supériorité qui brave toutes les autres, la supériorité de l'intelligence, M. Spinasse, avocat.

Traversé par les chemins d'Alby à Saint-Privat et de Neuvic à Pleaux, qui se croisent au chef-lieu, desservi par le bureau de poste de Saint-Privat, Rilhac est à 4 kilomètres de Pleaux, 10 d'Argentat ; a 31,671 fr. de revenu, 999 habitants, 263 électeurs et des foires les 30 janvier, 1er mars, 20 avril, 20 mai, 8 juin, 4 juillet et 17 décembre.

SERVIÈRES.

Assis sur le granit, au sommet d'une côte rocheuse, abrupte, dans une position pittoresque,

Servières était, autrefois, le plus gros bourg du *pagus* de la Xaintrie, qui comprenait la partie occidentale de la vicairie de Darazac et la partie orientale de celle d'Argentat.

Donné, en 1475, par Anet de Latour au vicomte de Turenne, il était encore, au xviii⁰ siècle, une importante châtellenie qui eut Bos et de Soulages pour juges, Duchassaing pour lieutenant ; Cabanes, de Meilhac, Pénières, Dumas et Jurbert pour notaires ; Vigier et Deredenat pour greffiers ; Larivière pour huissier, et avait juridiction sur Argentat, selon arrêt du Parlement de Bordeaux du 4 juin 1783.

Un professeur d'un très heureux caractère, d'un grand talent et d'une tendre piété, M. Poulbrière, historiographe du diocèse, qui sait embellir ce qu'il raconte, a tout dit, avec beaucoup de tact et d'esprit, sur l'ancien manoir des seigneurs de Servières, sur Glény, sur Notre-Dame-du-Roc, sur le petit séminaire, sur ses supérieurs et des hommes aussi considérables que le pieux Capitaine, l'incomparable Touron dont la vie est racontée comme un modèle, l'austère Planavergne, l'érudit Vermeil, le doux Segret, le spirituel Paillet et le savant et zélé Verniolles, méritent assurément tous ses éloges.

Ces prêtres éminents, si remarquables à divers titres, encouragés par l'illustre Berteaud, efficacement secondés par le magnanime évêque actuel, Mgr Denéchau, ont assuré la prospérité de la maison de Servières dont l'installation matérielle ne laisse rien à désirer et qui enseigne avec un zèle et un art si admirables que mes éloges ne sauraient rien ajouter à sa juste renommée de savoir et de dévouement.

Un autre prêtre d'une rare aptitude et d'une activité féconde, M. Soulié, aujourd'hui curé de Rilhac-Xaintrie, a eu sa large part dans cet heureux résultat. L'aimable M. Houlié contribua aussi beaucoup à cette grande œuvre.

Servières est un lieu béni : Mgr de Tulle lui a conservé le doyenné ecclésiastique et donné, pour successeur aux vénérés Vigier, Bos, Touror, du Chassaing, Relier, Bayort et Depeyet, un prêtre joignant de solides vertus acquises à de rares talents naturels, animé d'un zèle ardent pour le triomphe de la morale évangélique, maintenant l'esprit de concorde dans sa très chrétienne paroisse, M. Villadard de Laufié.

La commune est administrée par un ami des bonnes mœurs et des saines doctrines, qui sait aussi unir les esprits et les cœurs, le digne fils du bon docteur Dufaure de Sirey.

Les instituteurs et les institutrices se livrent avec ardeur et succès au noble et libre travail de l'intelligence.

A côté de ces travailleurs de l'esprit, il y a les rudes travailleurs de la terre, qui lui font rendre les produits les meilleurs et les plus abondants : MM. Dufaure, Vialette, Delmas, Beis, du Bac, Combe, Grafoulière, Laussac, Amblard, Argueyroles, Dichamp et quelques autres, ont fait les plus louables efforts pour perfectionner l'agriculture et féconder, par des semis et des plantations, un sol froid, pierreux, ingrat.

Servières a été chef-lieu de canton jusqu'en 1864 et ne prononce le nom de ses juges qu'avec reconnaissance : les modestes et méritants MM. Jurbert, le noble Jules Lafon de Lageneste, nature fière et douce, caractère ouvert et bienveillant, plein de dignité et de distinction, qui a fait un vide immense dans le canton ; l'excellent M. Vaurs dont la bouche et la main furent toujours ouvertes pour obliger et qui est représenté par MM. de Falvelly, symbole vivant de l'honneur ; le sympathique Maignac et M. de Meilhac, dont le nom est la personnification de la bienveillance.

Il garde bon souvenir des nobles de Labourgeade, de Laveyrie, d'Elpeyrou, de Gaspard Vialette, représenté par l'adjoint actuel de la commune, et deux jeunes prêtres, qui ont l'influence que donnent les lumières et la vertu et sont si instruits, si pieux, si dévoués que toutes

les maisons d'éducation voudraient les avoir
pour professeurs.

Il se souvient aussi des bienfaits de M. du
Bac du Pic et du capitaine Vaurs, qui surent
allier une bonté extrême à une très grande fermeté de caractère.

Relié au canton de Laroche-Canillac par le
pont d'Eylac, borné par les communes de Darazac, d'Haute-Fage, de Saint-Geniès-ô-Merle
et de Saint-Privat, Servières est à 8 kilomètres
de Saint-Privat, 13 d'Argentat, 20 de Pleaux,
42 de Tulle; a deux foires qui se tiennent les 29
octobre et 9 décembre, 2,522 hectares d'étendue,
15,685 francs de revenu, 1,168 habitants et 246
électeurs.

III

CANTON D'ARGENTAT

—

Communes d'Albussac, Argentat, Saint-Bonnet-Elvert, Saint-Chamant, Forgès, Saint-Hilaire-Taurieux, Saint-Martial-Entraygues, Ménoire, Monceaux, Neuville, Saint-Sylvain.

—

Le canton d'Argentat est la meilleure et la plus agréable partie de l'arrondissement de Tulle, formé de onze communes qui composent autant de paroisses, borné par les cantons de Tulle, de Laroche, de Beaulieu, de Mercœur, de Saint-Privat, de Beynat et de Meyssac, arrosé par la Dordogne, la Maronne et un grand nombre de ruisseaux, il est un des plus riches et des mieux situés du département de la Corrèze. Son climat est plus doux que celui de Mercœur et de Saint-Privat. Son sol, moins tourmenté, moins ondulé, est plus productif. Il donne des vins estimés et beaucoup de fourrages. Toutes les céréales y sont cultivées avec succès. La culture des plantes potagères et des prairies artificielles y est en grand progrès. Nul canton ne présente plus de différence sous le rapport du produit et de la configuration du terrain. La partie orientale fournit d'excellent froment, des fruits fort estimés et du vin de première qualité, lorsqu'il est assez attendu, tandis que la partie occidentale présente des gorges profondes et des hauteurs dont les sommets sont presque nus ; la cime d'une de ces hauteurs, Roche-de-Vic, est à plus de 600 mètres au-dessus du niveau de la mer.

Baignée par la Souvigne, dont le nom est significatif, longée par la route d'Argentat à Tulle, bordée, à droite, par de riants coteaux plantés de vignes, de noyers et de pommiers, à gauche, par des collines dont les flancs sont drapés de châtaigniers et dont le sommet est couronné d'arbres et, en certains endroits, de rochers encadrés par des massifs de verdure, la vallée qui s'étend d'Argentat à Forgès est d'une fertilité extraordinaire. Aussi pittoresque et plus évasé, celle du Bastié à Monceaux n'est ni moins belle ni moins féconde.

Les richesses minéralogiques du canton sont connues, mais mal exploitées. L'industrie a à peine effleuré ses gisements de houille. « Sa mine, disait le préfet de la Corrèze, en 1856, est arrêtée dans le développement de ses travaux par le manque de débouchés. » Essentiellement agricole, la population émigre peu : la beauté du site, la richesse du sol et l'amour du pays la retiennent. Il est peu de communes où l'on ne trouve des restes d'antiquités et fort peu qui n'offrent quelques noms chers aux sciences, aux lettres et à la religion.

La ville d'Argentat s'est honorée en donnant à ses places, à ses rues, le nom de ses plus illustres enfants et en élevant un monument à l'un d'eux, M. Lestourgie, dont le fils, ancien député, homme de cœur et de main, sitôt enlevé à la tendresse de sa famille et à l'affection de ses nombreux amis, est représenté par ses trois fils, dont l'un a été acclamé maire, le second est un officier de brillant avenir et le plus jeune un prêtre aussi méritant que modeste.

Le canton d'Argentat a 18,809 hectares d'étendue, 11,800 habitants et 3,412 électeurs.

ALBUSSAC.

Albussac, qui dépendait de la vicairie d'Espagnac et dont l'église fut donnée, en 914, par le vicomte du Bas-Limousin à l'abbé de Tulle, n'est ni bien percé ni très bien bâti.

Le bourg, accroché au sommet d'un monticule boisé où l'on arrive par un chemin abrupt, sinueux qui joint à quatre kilomètres, à l'ouest, la route de Brive à Mauriac, n'a pas un mauvais aspect. Ses habitants sont affables et bien différents de ceux dont parle l'aimable auteur des *Proverbes limousins*, dans la dernière livraison du Bulletin de la Société scientifique de Brive, page 516, n° 125 : *Aubussat sount pas fy abbei*, Aubussac ne mérite pas la confiance.

A trois kilomètres du bourg, on remarque, ombragée d'arbres, la gracieuse villa de M. Favart, ancien maire, ancien président du Conseil général, ancien député, qui fut, en son temps, l'aigle du barreau de Tulle, composé alors, comme aujourd'hui, d'hommes très distingués. J'ai connu cet administrateur éminent, j'ai vu dans l'intimité cet homme, au front serein, au regard assuré, à la conception prompte, à l'imagination vive, qui savait revêtir sa pensée des formes les plus entraînantes, s'élever à des mouvements de la plus saisissante éloquence, se faire écouter, admirer, aimer, et qui éprouva un indicible serrement de cœur en s'éloignant de sa ville natale et de ses nombreux amis, battu en brèche et démoli, dit un très judicieux écrivain, par l'attrayant baron Lafond de Saint-Mûr.

Albussac a plus des deux tiers de son étendue couverte de landes et de bois. La vigne y est peu cultivée, la châtaigne est une partie importante de son alimentation. A Roche-de-Vic, point culminant, le sol pierreux et le roc mis à nu présentent une aridité complète. On y trouve des masses d'amphibole, intercalées au granit massif qui s'élève à une hauteur d'où l'on découvre une très grande étendue de pays. Près des Quatre-Routes, point d'intersection des routes de Tulle à Beaulieu, de Brive à Mauriac, on trouve un hameau qui porte un nom significatif : la Commanderie.

Desservi par le bureau de poste de Saint-Chamant, Albussac est à douze kilomètres d'Argentat, vingt de Tulle, a des foires les 18 mars et 18 septembre ; 3,626 hectares d'étendue, 20,949 fr. de revenu, 1,332 habitants et 399 électeurs.

ARGENTAT.

On avait écrit peu de chose sur Argentat, dont M. Bombal a fait tout récemment l'intéressante histoire. Des hommes célèbres y avaient passé sans le signaler. La première ville que j'ai vue, en allant d'Aurillac à Limoges, disait l'auteur des lettres limousines, le le 4 janvier 1762, est Tulle, qui était, au ixe siècle, un monastère de saint Benoît, détruit en 846, rétabli en 930, et érigé plus tard en siège épiscopal. Il en est cependant parlé dans une vie de saint Sadroc, Sacerdos, qui y mourut au vie siècle et sur un triens mérovingien dont M. Deloche a fait la description. Il fut le sanglant théâtre de nos luttes religieuses : on a trouvé des traces du pillage Brezon et de l'incendie de 1562. Il avait, autrefois, une importance réelle. Il fut chef-lieu d'une vicairie ; eut son prieuré ; plus tard, son petit-séminaire et des hommes qui ont laissé des traces trop profondes de leur passage pour qu'on puisse les oublier : Dumont ; Parjadis ; Dufour ; Delmas ; Roudié ; Delguo ; de Bar ; Lestourgie. On garde aussi le reconnaissant souvenir de l'aimable du Rieu, qui fut dévoué jusqu'au sacrifice ;

Du curé Combret qui joignait à une science profonde les généreuses sympathies d'un cœur évangélique ;

Du curé Relier, prêtre à l'âme grande, remplie des splendeurs augustes de la religion ;

De M. Lafon, son pieux successeur, qui dépensa tout son patrimoine pour les pauvres et de ce bien-aimé docteur Artigues que tout le monde recherchait et que tout le monde pleure.

Argentat est, aujourd'hui, une des premières villes de la Corrèze et une des mieux partagées sous le rapport du climat et de la position.

Située sur la rive droite de cette belle Dordogne que le poète Ausone disait aurifère et qui a pu disputer à la Garonne le droit d'imposer

son nom au fleuve qui réunit leurs eaux dans un
lit commun, dans une luxuriante vallée, dominée par de verdoyantes collines, reliée à son
industrieux et populeux faubourg du Bastié,
par un beau pont suspendu, l'une des premières
et des plus hardies conceptions de l'illustre in-
génieur Vicat; en communication avec Tulle et
Aurillac, par la route nationale de Rodez à
Limoges; avec Brive et Pleaux, par la route
départementale de Brive à Mauriac, avec Beaulieu, Laroche-Canillac et Mercœur, par de
larges voies vicinales, elle réunit toutes les
conditions désirables pour l'heureuse alliance
de l'agriculture et du commerce. Ses habitants,
dit un illustre écrivain, sont actifs, industrieux
et sobres.

Je ne puis cependant voir tout en beau. Il y a,
dans cette gracieuse ville, cette division qui,
sous le rapport politique et religieux, existe
malheureusement partout. On y rencontre des
zélateurs de la liberté qui se croient uniquement
attentifs au bien public, des partisans du prin-
cipe d'autorité qui estiment être dans la voie du
véritable progrès et de l'honneur : ils vont ban-
nière levée et vident leurs carquois.

Le peuple a, comme la mer, ses flots et ses
caprices. Il se laisse parfois coiffer de chimères
et les victoires de la raison sont lentes, mais il
revient presque toujours à ceux dont les actions
s'accordent avec les paroles. Je n'ai pas l'art
de démêler les hommes. Je sais cependant,
sans pénétrer dans la vie intime, que chaque famille a sa plaie, toute grandeur sa faiblesse ;
tout malheur sa noble pudeur ; qu'il vaut mieux
regarder les hommes par le côté qui nous les
fait chérir que par celui qui nous en éloigne, et
s'accommoder à eux tels qu'ils sont, que de les
haïr jusqu'à ce qu'ils s'accommodent à nous.

Je vois en le petit-fils de l'actif promoteur du
projet de canalisation de la Dordogne, M. Antoine Lestourgie, le digne et bien-aimé fils du
sympathique et très regretté député qui fut
acclamé par 35,005 suffrages le 8 février 1871,

l'affectionné maire qui continuera les traditions de son estimable père dont les bienfaits ont transformé la ville et qui saura réaliser les brillantes espérances que son récent et éclatant succès a fait présager ;

En M. Vachal, conseiller général, ancien notaire, ancien député, dont le père fut notaire, fort connaisseur en affaires, et l'aïeul maternel longtemps maire, un homme d'une grande valeur intellectuelle, qui a plus d'une corde à son arc et saura se bien caser ;

En M. Hilaire Roudié, adjoint, conseiller d'arrondissement, dont le père fut un jurisconsulte distingué et l'aïeul chevalier de Saint-Louis et un des meilleurs officiers de l'armée du grand Condé, un homme expansif, serviable, un administrateur zélé, un notaire dévoué, qui sait inspirer la confiance et la mériter ;

En M. Ernest Roudié, son fils, un jeune avocat de beaucoup d'acquis et d'avenir ;

En M. Jourde, notaire, un homme actif, rompu aux affaires, tout à ses clients, qui a eu, comme juge suppléant, conseiller général et maire, la haute main à Saint-Privat et met ses soins et sa connaissance du pays à se faire aussi large place que possible, comme successeur de M. Vachal ;

En M. Vacher, percepteur, dont la bienveillance facilite les relations, un comptable irréprochable, d'un mérite reconnu, frère d'un député progressiste de très grande notoriété, d'une valeur incontestable, d'une très rare indépendance et qui a lutté avec véhémence et succès contre les adorateurs de l'opportunisme ;

En M. Louis Roudié, ancien receveur, ancien notaire, un juge de paix à la hauteur de ses fonctions, bien qu'elles soient très difficiles au lieu où il a ses affections et ses intérêts ;

En MM. Charles et Jules Puex, deux personnalités sympathiques, arrivées par une volonté énergique et un travail obstiné et non deux parvenus, car fils de noble et riche famille, ils ont tenu de race, fait honneur à leur pays, acquis une grande fortune et eux seuls ignorent leur mérite ;

En M. Clément Lafon de Lageneste, un homme à l'âme haute, au cœur noble, aux formes polies, qui fait honneur à sa naissance ;

En son digne fils, un jeune homme doué des mêmes qualités et de cette aménité de cœur qui, chez lui, comme chez son père, amène l'aménité des manières ;

En M. le commandant Delmas, officier de la Légion d'honneur dont les frères furent aussi de vaillants hommes de guerre, le très digne neveu de l'intrépide général dont le nom est incrit sur l'arc-de-triomphe de l'Etoile ;

En M. Morely, adjoint, homme au verbe haut, mais au cœur excellent, un médecin de très rare mérite et très recherché ;

En M. le docteur Paul Meilhac, connaisseur délicat, penseur sérieux, un médecin aussi éclairé que consciencieux ;

En M. le docteur Tiburce Moulin, un homme de caractère qui porte dignement un grand nom médical ;

En M. Planche, un greffier fort estimé, très bienveillant, sympathique et dévoué ;

En M. Soulié, conducteur des ponts et chaussées, qui fait, en tout, preuve de capacité, d'abnégation et de dévouement et dont l'ornithologie occupe les très rares loisirs, un homme au jugement sûr, à l'esprit droit, à l'âme excellente ;

En MM. Mas, escompteur ; Peuch, percepteur ; Henri Chauvac, directeur des Messageries ; Bounaix, receveur ; Queyriau, commis-principal, des hommes dont les fonctions font toute leur occupation ;

En M. Bombal, officier d'académie, auteur de l'histoire d'Argentat. un homme laborieux, intelligent, utile, modeste ;

En M. Buffe, de Barcelonnette, gendre du regretté M. Mallet, un receveur d'une aptitude remarquée, mais qui s'est fait une position difficile et qui, ayant le tempérament vif, l'âme

extrêmement sensible, a dû bien souffrir, écrasé
sous le dédain et les railleries de la presse,
lorsqu'il a pitoyablement échoué, en s'attaquant
à beaucoup plus fort que lui, dans le déraison-
nable et irréalisable espoir d'arriver au conseil
municipal ;

En M. Leymarie, ancien huissier, un praticien
expérimenté qui a conservé la confiance de
tous ses clients ;

En M. Terrade, conseiller municipal, un sol-
dat du camp opportuniste plus heureux que son
capitaine ;

En M. Ninaud, l'heureux maître de l'hôtel le
plus fréquenté de la ville ;

En M. Bros, un huissier actif ;

En M. Argueyrolles, huissier, un homme encore plus heureux comme gendre de M. Chèze
que comme successeur de M. Leymarie ;

En Mlle du Rieu, si bien aidée par Mlles de
l'Epinay et Arboucault, une receveuse des pos-
tes tout à son devoir ;

En M. Jean Mons, conseiller municipal, le
vénéré doyen du conseil ;

En M. Géraud Mons, le plus estimé des limo-
nadiers et le plus heureux des pères ;

En les directeurs des écoles, des instituteurs
d'élite, admirablement bien secondés.

A côté de ces écoles, il y a une maison bénie par la prière et le travail où se consument de
nobles existences dévouées au bien public : le
vaste établissement des Ursulines, dirigé par
Marie Delpeuch en 1566, relevé par Mlle Roche,
de Latronche, en 1826, dont la vénérée tante
de M. Vachal est aujourd'hui supérieure et qui
a pour aumônier M. Gane, chanoine honoraire, une intelligence élevée, une âme de feu, un
prêtre tout en Dieu.

Je ne parlerai pas du richissime comte de
Tolédo, qui vient rarement à Argentat ;

De MM. Aumont, Peyrade, Leygonie, Lagane, Arestier, Mialaret, Escourbaniès, Rou-
gier qui, après avoir longtemps lutté avec la
pièce de cinq francs, ont fini par avoir le dessus ;

De MM. Barrière, Charoulet, Escure, Brousse, Chambal, Marquisot, Albert, Angelby, Rey, Gavalda, Hébrard, Laplagne, Rote, qui font encore très fructueusement le commerce ; ni des trois habiles pharmaciens en fortune ; ni de MM. Vialore, Lavialle, Duval et autres commerçants retirés, retenus à Argentat par le charme du lieu, y savourant le filet de bœuf, après avoir mangé la vache enragée.

Mais bien qu'on puisse dire que j'ai parlé de beaucoup de personnes et que je n'ai pas couvert tout le monde de fleurs, je ne dois pas oublier des noms que j'aurais dû prononcer les premiers :

Je veux saluer avec la plus respectueuse estime M. Palide, chanoine honoraire, curé de la paroisse, prêtre à la foi ardente, au savoir solide, à la conduite édifiante, homme d'étude, sachant très bien que les plus pures et les plus douces joies de l'esprit sont celles que procurent les salutaires travaux de l'érudition.

Je n'ai rien à dire des forts en gueule, des marquis de la manchette. Je laisse des dadais, des damerets, quelques personnes de mérite, des fils de nobles familles, de jeunes talents promis à l'avenir, des esprits colériques et plus d'une âme angélique, mais on ne peut pas s'occuper de tout dans une monographie.

Après avoir admiré la nouvelle église, l'une des plus belles du diocèse, la chapelle Sacerdos, le pont Marie, le quai Lestourgie, la tannerie de Lagane, la teinturerie de M. Barrière, le nouvel hospice et lu avec intérêt une inscription mentionnant le passage de la Dordogne par Henri IV le 25 octobre 1569, et une autre destinée à perpétuer le souvenir de la suppression du péage en 1865, je laisse courir ma plume aux environs d'Argentat.

A 300 mètres de la ville, au sud, tout près de la route d'Aurillac, on voit l'ancien manoir des seigneurs de Bac, restauré par un aimable ami de l'indépendance et des labeurs de la vie agricole, qui en a fait une bonbonnière précédée d'une allée bordée de magnifiques tilleuls, fermée par un beau portail. En face de cette belle propriété, de l'excellent et honoré M. Branchat de Léobazel, l'une des plus grandes, des plus productives et des mieux situées du pays, on remarque l'ancienne demeure des seigneurs du Ras, dont l'un, garde du roi en 1769, est, aujourd'hui, représenté par le sympathique M. Mazon, négociant.

À 500 mètres d'Argentat, au nord-est, sur le bord du chemin de Saint-Martin, on rencontre le village de Longour, détruit par un incendie en 1830, entièrement reconstruit et souvent visité par les archéologues, qui y ont trouvé des fragments de vases et autres débris gallo-romains fort curieux.

On remarque, près des confluents de la Dordogne et de la Souvigne, une aiguille de granit d'un mètre soixante-dix de haut, fichée dans les alluvions de la vallée, qui pourrait être un ancien menhir connue sous le nom de *Grave de Roland* et qui servait de ligne de démarcation entre la juridiction d'Argentat et celle des seigneurs de Lavigerie.

Sur la rive gauche de la Dordogne, à un kilomètre en amont d'Argentat, à Croisi, on a trouvé dans une sépulture gallo-romaine un couteau en fer avec armatures en bronze, qui a été décrit par un homme dont tout le monde connaît la haute compétence, M. Ph. Lalande.

Argentat est à 29 kilomètres de Tulle, 11 de Mercœur, 18 de Saint-Privat, 10 de Sexcles, 13 de Servières, 20 de Laroche-Canillac, 23 de Beaulieu, 30 de Pleaux, 53 d'Aurillac, 26 de Montvert, 50 de Mauriac; a 2,240 hectares d'étendue, 28,962 fr. de revenu; 3,304 habitants, 935 électeurs; des foires tous les 6 du mois, le jeudi gras, le mardi après Quasimodo et le 1er décembre.

SAINT-BONNET-ELVERT.

Traversé du nord au sud par le chemin de grande communication de Montagnac à Saint-Michel, agréablement assis sur le penchant d'une colline à pente douce qui domine la fertile et riante plaine de Saint-Chamant, Saint-Bonnet produit toutes sortes de céréales, de bon vin et des fruits exquis.

Toute situation a ses épines ; l'illusion est l'aliment de la vie. Il y a partout de braves gens qui ne savent *panse d'a*, se croient des hellénistes, oublient que le mieux est souvent l'ennemi du bien et voudraient tout changer. Le désir de déplacer église, presbytère, cimetière, a fait ajourner des réparations nécessaires et urgentes ; le curé, M. Delbos, riche de vertus et qui fait preuve du plus grand dévouement et de l'abnégation la plus complète, est mal logé et n'a pas l'église ornée qu'il désire ; mais, avec un conseil municipal aussi bien intentionné que celui de Saint-Bonnet-Elvert et des hommes dévoués à la cause du droit et de la justice comme le sont tous les notables habitants, l'intérêt public ne saurait être laissé longtemps en souffrance.

On remarque, au bourg, l'agréable demeure de l'excellent M. Capitaine, beau-fils d'un ancien et fort estimé maire et digne représentant de la maison Gimelle, qui a donné un prince à l'Eglise et une sommité médicale à Paris : M. Pierre-Louis Gimelle, ancien chirurgien-major de l'armée, officier de la Légion d'honneur, membre et trésorier de l'Académie de médecine, né à Saint-Bonnet le 6 novembre 1790;

Au Monteil, la belle maison d'un homme sympathique, portant un nom aussi fort honorablement connu à Paris, M. Grafeuille, frère d'un vicaire-général que Tulle apprécie et qui ne pouvait être remplacé à Ussel que par un homme de grande valeur, comme l'archiprêtre Lescure, que la Xaintrie est fière de compter au nombre de ses plus nobles enfants;

Au Fraysse, un excellent et affectionné ancien camarade, qui est bien dans mes petits papiers, M. Joseph Traverse, juge suppléant, ancien maire, ancien notaire, dont le père et l'aïeul furent aussi notaires influents et aimés et qui est remplacé, comme notaire, par un homme actif et affairé : M. Dujardin;

Près du bourg, un lieu qui, dans l'esprit des populations, a une auréole de respect que lui conserve la légende : *la Chapelle des deux Egaux*, où la juridiction de Saint-Chamant vint siéger en 1762.

Borné par les communes de Saint-Chamant, de Forgès, de Champagnac, de Saint-Basile et de Saint-Sylvain, Saint-Bonnet-Elvert est à 4 kilomètres de Saint-Chamant, 10 d'Argentat, 8 de Laroche, 23 de Tulle ; a 2,383 hectares d'étendue, 18,606 fr. de revenu, 1,046 habitants et 304 électeurs.

SAINT-CHAMANT.

Aux portes d'Argentat, sur la route de Tulle, dans une vallée enrichie de tous les dons de la fécondité, dominée par de verdoyants coteaux dont le bas est cultivé comme un jardin, Saint-Chamant est, par son revenu et son heureuse situation, la deuxième, et, par sa population, la troisième commune du canton.

Son église, mentionnée dans un titre de 984 et fort bien décorée, mérite de fixer l'attention. Au bas du bourg, on aperçoit, sur une éminence, le vieux manoir des marquis de Saint-Chamant dont l'un prit part à la troisième croisade; un autre combattit contre Henri IV, qui, après la mort de ces preux, passa à la famille de Ventadour et, plus tard, à celle des d'Escars. M. de Laurens, numismate distingué, descendant d'un chevalier de Saint-Jean-de-Jérusalem, est tout récemment décédé dans l'une des élégantes maisons qui bordent la route. Plus bas, on remarque une construction de superbe structure, une vaste maison d'école double avec mairie qui fait honneur au zélé maire de la commune, M. Graffouillère; près de cet édifice monumental, l'agréable demeure d'un homme qui a sa large part dans tout ce qui se fait de beau, M. Treich dont le fils, brillant professeur d'avenir, vient d'être nommé censeur du lycée du Puy, et qui se consacre lui-même au rude labeur de l'enseignement avec un succès reconnu et récompensé; la gentille maison de l'ancien et estimé maire de la commune, M. Moulin, notaire.

Séparé de toute habitation bruyante par une cour et un jardin, le presbytère n'est pas trop vaste, mais il sera mis en état, car curé et paroissiens se préviennent par des témoignages d'honneur et de déférence. A un kilomètre de Saint-Chamant, au sud, au haut d'une luxuriante prairie bordée par la Souvigne, sur le penchant d'une colline arrondie, plantée de vignes et d'arbres fruitiers du plus bel aspect et de la meilleure espèce, on voit le château de Soulages, demeure du fils d'un diplomate éminent, M. de Sartiges, qui continue les nobles traditions de M. de Laveyrie, son beau-père, qui aima la vie des champs, cette grande consolatrice des temps troublés et apprit à ses voisins que l'amour du travail est la vertu de l'homme en société et la meilleure source du bien-être.

Saint-Chamant n'a pas de pauvres : il doit son aisance à l'activité de ses habitants et à la fertilité proverbiale de son sol, il sait se procurer par ses épargnes, fruit de sa sobriété et de ses sacrifices, la sécurité pour l'avenir.

Borné par les communes d'Argentat, de Neuville, d'Albussac, de Forgès et de Saint-Bonnet; résidence d'une receveuse des postes, d'un percepteur, d'un notaire, d'un receveur buraliste, Saint-Chamant est à 6 kilomètres d'Argentat, 23 de Tulle; a des foires le lundi de Pâques et les

12 février, 11 avril, 12 juin, 12 novembre; a 1,404 hectares d'étendue, 29,079 fr. de revenu, 1,336 habitants et 435 électeurs.

FORGÈS.

Aux pieds de collines verdoyantes qui le dominent et l'abritent, incliné vers le sud, à l'extrémité septentrionale de la belle et riche plaine de Saint-Chamant, Forgès, appelé autrefois *Faorgès*, occupe une très agréable position.

Les vignes sont la richesse et les figuiers la parure de ses charmants coteaux.

Enclavé dans la vicairie d'Espagnac, il avait, au xiiᵉ siècle, une très grande importance et possédait deux églises dont il est parlé dans une bulle de Pascal II de l'an 1115 et dans le testament d'Adémar.

Il n'en a plus qu'une; mais, grâce aux souscriptions qu'il a recueillies, aux lourds sacrifices qu'il s'est imposés, l'actif et zélé curé, M. Cluzan, en a fait un chef-d'œuvre. Il a rencontré des obstacles, mais sa mansuétude et sa fermeté en ont triomphé. Tout devient facile avec l'assistance de celui qui abat et relève. Le pieux curé a tout gagné par sa bienveillance : il apprend à aimer, comme son Dieu, sait pardonner ; reçoit tout le monde dans son hospitalière maison et fait à tous le plus aimable accueil.

En face du presbytère, on remarque la grande maison des dignes représentants de Parjadis de Larivière, seigneur d'Auzès, juge de Saint-Chamant, garde du roi en 1770 et de Félix du Bac, marié avec Gabrielle de Servières en 1786.

Tout près, la nouvelle et vaste maison d'école qui répond à sa double destination.

Plus bas, l'habitation du populaire maire de la commune, M. Couderc.

La maison natale d'un notaire jeune encore, mais qui s'entend déjà en affaires et sait se rendre utile, M. Dujardin, successeur de M. Traverse.

Quelques autres belles constructions bordant la route de Tulle à Argentat et le spacieux hôtel Delmas qui attire et retient les étrangers, ses meilleurs clients, car les habitants de la commune aiment peu à faire sauter le bouchon, prennent sur leurs plaisirs pour n'être pas privés du nécessaire et donnent tout leur temps aux travaux que l'amour de la propriété leur fait entreprendre et dont ils sont largement récompensés.

A Plos, la belle maison d'un homme jouissant d'une aisance d'autant plus honorable qu'elle est le fruit d'un travail opiniâtre et d'une sage économie, l'estimable M. Bétailloulou, ancien maire, plus connu sous le nom de Bro.

Je ne saurais oublier la maison d'un autre homme également fort estimé, M. Peyrical, ni oublier le village du Masquet-Haut qui avait sa juridiction seigneuriale en 1749.

Forgès, qui a des foires les 10 janvier, 10 mars, 22 mai, 11 septembre, 10 octobre, 11 novembre et 10 décembre, est à 10 kilomètres d'Argentat; a 1,040 hectares d'étendue, 18,325 fr. de revenu, 953 habitants et 256 électeurs.

SAINT-HILAIRE-TAURIEUX.

Saint-Hilaire est la plus petite des cinq communes de la Corrèze qui portent ce nom et une des moins considérables du canton d'Argentat.

Mais lorsque l'affaiblissement des rois eut établi la féodalité, les moindres eurent leur seigneur, rendant la justice et menant tout au gré du pacte inégal que la force protectrice dictait à la faiblesse soumise.

Saint-Hilaire eut le sien, et le dernier fut si bon et si aimé que son aménité et ses vertus le garantirent des orages révolutionnaires.

Le sol, en partie de gneiss, en partie crétacé, rocailleux, couvert de petits monticules, d'un triste aspect, est peu fertile; mais ses habitants sont laborieux, s'entr'aident, se suffisent et sont soutenus par les instructions et les exemples d'un prêtre dont le nom éveille les sympathies, M. Chantarel, neveu du pieux fondateur de Servières, M. Capitaine, et frère du curé de Tudeils, noble vétéran du sacerdoce, doyen des chanoines, grande figure devant laquelle tout le monde s'incline, ne ressemblant en rien à ces vieillards qui adhèrent à la vie comme la mousse aux ruines, ni à ces hommes, heureusement rares, qui s'attachent d'autant plus à leur place qu'ils sont moins aimés : recherché, estimé, admiré de tous, il ne tient à l'existence que parce qu'il sait toujours la rendre utile; il connaît, aime et visite le pauvre, adoucit ses peines, sèche ses larmes et lui épargne la honte de tendre une main flétrie par la misère.

Boisé et raviné sur une portion de son étendue, le sol n'est pas assez favorablement exposé pour la culture de la vigne, mais il donne du seigle, du sarrasin et des châtaignes. Les cultivateurs en savent tirer tout ce qu'il peut produire et l'instituteur, inamovible, alors que d'autres demeurent peu en place, sait stimuler leur zèle sans déserter son école.

Borné par les communes de Ménoire, de Neuville, de Saint-Chamant, de Monceaux et de Chenaillers, Saint-Hilaire est à 12 kilomètres d'Argentat, 15 de Beaulieu, 30 de Tulle; a 860 hectares d'étendue, 7,717 fr. de revenu, 345 habitants et 104 électeurs.

SAINT-MARTIAL-ENTRAYGUES.

Saint-Martial-Entraygues occupe une position très pittoresque au sommet d'une colline rapide qui domine la ville et la verdoyante plaine d'Argentat.

Eloigné de plus de deux kilomètres du chemin d'Argentat à Saint-Martin-la-Méanne, le bourg, au milieu des rochers, est d'un très difficile accès.

Ces rocs inaccessibles justifient, dans certaine mesure, le proverbe limousin cité dans la dernière livraison du Bulletin de la Société scientifique de la Corrèze, n° 126 : *Lourdauds da Saint-Marsau.*

Saint-Martial, pays reculé, inaccessible, mangeurs de châtaignes.

Le séjour n'est pas enchanteur : le sympathique acquéreur de la propriété du Peuch aspire à revenir à Darazac où il est né ; l'excellent curé de la paroisse ne serait, dit-on, pas fâché de se rapprocher de sa belle ville de Beaulieu et les édiles de la commune sont souvent à Argentat.

Saint-Martial est bien partagé sous le rapport de l'eau, resserré entre la Dordogne et le Doustre, ce qui lui a valu son qualificatif; il a, sur sa place, une fort belle fontaine publique.

A deux kilomètres du bourg, au bas des rochers, on remarque un sombre édifice ayant grande forêt derrière, vaste terrasse, beau jardin, immense prairie devant et champs magnifiques à côté, le château du Gibanel, l'un des plus vieux manoirs du pays, passé à la maison de Combarel en 1625.

Baigné par la Dordogne et le Doustre, qui prend sa source au village de ce nom, près d'Egletons, borné par les communes d'Hautefage, de Servières, de Saint-Martin, de Saint-Basile et d'Argentat, autrefois résidence d'un notaire et siège d'une juridiction seigneuriale, Saint-Martial-Entraygues est à 7 kilomètres d'Argentat, 36 de Tulle ; a 739 hectares d'étendue, 10,974 fr. de revenu, 439 habitants et 117 électeurs.

MÉNOIRE.

La commune de Ménoire était, en 1777, un prieuré célèbre dont le titulaire, dom Perrot, demeurait à l'abbaye royale de Marmoutiers-les-Tours.

Il était, en 1786, la résidence d'un notaire qui avait sur ses clients la supériorité que donne l'intelligence, se plaisait à exercer, au profit de tous, un dévouement à toute épreuve et est, aujourd'hui, représenté par son petit-fils, notaire à Neuville, et M. Bassaler, libraire à Tulle, tous deux fort estimés, en vue, en fortune et alliés à une illustration corrézienne si grande qu'elle succèderait au président de la République si l'éminent Grévy pouvait être remplacé.

Roscoff a son figuier gigantesque qui couvre deux cents personnes de son ombre. Ménoire a son magnifique Sully, le tilleul le plus gros, le plus remarquable de la Corrèze et, peut-être, de France.

Le climat de Ménoire est froid, la vigne n'y est pas cultivée. Le sol est peu fertile, mais des propriétaires éclairés et riches : MM. Bourdet et Grafoulière ont fait avec succès des essais d'amélioration et prouvé que, comme toutes les autres sciences, l'agriculture est susceptible de perfectionnement, dont ceux qui conduisent eux-mêmes la charrue peuvent seuls mesurer toute l'étendue.

M. Tavé maire de la commune, et quelques autres notables font, avec honneur, un commerce utile.

M. Tavé a annoncé, dans le *Messager* du 1er octobre dernier, que, par arrêté préfectoral du 23 septembre 1883, il a été créé à Ménoire trois foires qui s'y tiendront les 8 février, 27 avril et 9 octobre, et que ces foires seront abondamment approvisionnées en bestiaux, Ménoire étant un centre d'élevage.

A Ménoire, on admire l'arbre phénoménal qui est l'ornement de la place et l'église dont la décoration fait le plus grand honneur au pieux curé, M. Planche, qui cherche à s'insinuer dans l'esprit de ses paroissiens, bien moins pour gagner leur amitié que pour gagner leur âme.

Borné par les communes de Lostange, de Sérilhac, de Beynat, d'Albussac, de Neuville, de Saint-Hilaire et de Chenaillers, Ménoire est à 12 kilomètres de Meyssac, 16 de Beaulieu, 6 de Beynat, 15 d'Argentat, 25 de Tulle; a 642 hectares d'étendue, 4,079 francs de revenu, 210 habitants et 61 électeurs.

MONCEAUX.

En suivant le chemin de grande communication n° 12 d'Argentat à Martel que les travaux de la dernière adjudication vont rendre très viable, on voit à trois kilomètres, à droite, une colline à pente rapide divisée en petits carreaux murés, coupée de touffes d'arbres rabougris, de quelques parcelles de pré de chétive apparence et recouverte d'une mince couche de terre végétale que perce çà et là le rocher de granit.

Cette colline, appelée *Trescol*, bordée par le chemin longé lui-même par la Dordogne, produit le grand cru, le premier vin du pays.

Le bourg de Monceaux est derrière cette éminence, abrité des vents par une rangée de collines d'une grande uniformité, couvertes de vignes bien exposées et fort bien cultivées. Il est divisé par un ruisseau qui naît dans la colline du nord et se jette dans la Dordogne, est un peu resserré et assez mal percé, mais son église, son presbytère et sa maison d'école ne laissent rien à désirer.

Celle-ci n'a pas les proportions grandioses de beaucoup d'autres maisons d'école, mais elle est dans d'excellentes conditions hygiéniques, offre les dispositions les plus convenables pour la direction méthodique des classes et suffit d'autant mieux à la population scolaire qu'il y a des écoles de hameau à Vialar, à Verniole et à Moustoulat.

On remarque au haut du bourg, au nord, la grande maison de M. Lacoste de Laval, qui est l'honneur du lieu; au sud, la belle maison de l'excellent M. Cherrière, ancien maire, arrière-petit-fils d'un échevin de la ville d'Argentat en

1589, et frère de prêtres dont Servières et Brivezac ne peuvent assez faire l'éloge. A trois kilomètres du bourg, au sud-est, sur la rive gauche de la Dordogne, le château de M. du Rieu du Pradel, adossé à un verdoyant mamelon dominant l'immense et féconde plaine de Verniolle; issue d'une des maisons les plus anciennes et les plus considérables du Quercy, la famille du Rieu vint chez nous en 1540 et on sait le bien qu'elle a fait, le respect qu'on lui porte et les sympathies qu'elle inspire.

On voit sur la rive droite de la Dordogne, au bord du chemin de Beaulieu, les belles propriétés de MM. Genevrière et Martin du Chambon et celle de M. Contrastin de Vaurette, beau-frère de M. Vachal, ancien député.

Un archéologue distingué a cru trouver un ancien oppidum dans *au Puy-du-Tour*.

Monceaux, qui est desservi par le bureau de poste d'Argentat et a des foires les 24 mars, 24 mai, 24 juin, 24 juillet, 24 septembre, 24 novembre, 26 décembre et le lendemain de l'Ascension, a 3,693 hectares d'étendue, 28,189 fr. de revenu, 1,783 habitants et 530 électeurs.

NEUVILLE.

Traversé par la route de Brive à Mauriac, Neuville est situé sur une butte calcaire qui domine une grande étendue de terrain; de la tour du château-fort, à créneaux et à màchicoulis, que Louis XIV donna à François Dumas, premier président de Brive, l'on a une vue immense embrassant toute la Xaintrie.

Actifs, industrieux, ses habitants savent tirer du fonds les trésors que la terre accorde toujours au travail. La vigne y prospère aux expositions favorables; le seigle, le blé noir et la pomme de terre, qui est le pain des pauvres, y réussissent.

Il y a, au bourg, une école, et une école de

hameau à Salgues, toutes deux parfaitement tenues;

Au presbytère, un modeste curé, modèle de vie réglée, M. Vidal, qui regarde sa maison comme un monastère, mène, avec son digne frère, ancien instituteur, une existence utile, solitaire, austère, pleine de bonnes œuvres.

Le sympathique successeur des regrettés Bros et Faurie, qui porte un nom vénéré, M. Bourdet, notaire, qui s'attache à ses clients et se tient à l'écart de la politique, aura sans peine la haute main dans la commune.

Autrefois siège d'une juridiction qui eut Bourdet, Darche, Sclafer de Chabrignac pour juges, Bros et Chastrusse pour notaires, Louis Escalier pour greffier, sur provisions accordées par le marquis de Conros, baron d'Aurillac et de Neuville; borné par les communes d'Argentat, de Monceaux, de Saint-Hilaire, de Ménoire, d'Albussac et de Saint-Amand, Neuville, qui a des foires les 10 février, 10 avril, 10 mai, 10 août, 10 septembre et 10 décembre, est à 11 kilomètres d'Argentat, 24 de Tulle ; a 1,429 hectares d'étendue, 8,148 fr. de revenu, 507 habitants, 122 électeurs.

SAINT-SYLVAIN.

Saint-Sylvain, qui doit son nom aux bois qui le couvrent, est situé à l'extrémité septentrionale du canton, dans une étroite, pittoresque et riante vallée dont la beauté est rehaussée par l'encadrement de collines aux versants couverts d'un luxuriant vignoble. Le bourg est au fond de ce charmant, paisible et fertile vallon, caché dans les plis de ces collines.

Son église est fort ancienne : il en est parlé dans une charte de 861.

Son presbytère, précédé d'un parterre bien peigné et d'un jardin bien tenu, est ouvert à tout le monde par un homme à physionomie sympathique, l'esprit aisé, M. ` ille, digne successeur du noble curé qui s'opposa, en 1769, à ce que les armoiries de d'Escars fussent peintes dans son église. Près du presbytère, on remarque la maison d'école parfaitement tenue par le digne frère d'un agent voyer en chef dont on ne prononce le nom qu'avec la plus affectueuse estime, M. François; les maisons de MM. Plaze, Duroux, Farges, Condat et Faure, cultivateurs intelligents sur qui les idées justes et les sentiments élevés ont toujours eu le plus grand empire, qui ont su inspirer, autour d'eux, l'amour du sol qui est le véritable amour de la patrie, et montrer que l'influence de l'homme sur la nature s'étend bien au delà de ce qu'on imagine. Ils ont donné plus d'extension à leurs vignes, multiplié leurs prairies, fait profiter leurs terres d'une culture plus intelligente, et l'exemple, qui est un si puissant aiguillon, a été suivi.

Un autre enseignement est offert à ceux qui doutent de la puissance de la capacité intellectuelle, de l'activité personnelle et ne savent pas que chacun est artisan de sa fortune : M. Emile Charageat est la glorification du travail.

Fils d'ancienne et bonne maison, il ne fut pas toujours sur des roses.

Bienfaiteur de la commune de Saint-Sylvain dont il fut longtemps le zélé maire, son aïeul, médecin fort capable et très appelé, fut le père des pauvres et ne s'enrichit pas. Son père, aussi médecin distingué, généreux de la main et du cœur, fait pour aimer, être aimé, eut l'abnégation, qui est la première et la plus rare des vertus sociales, et mourut trop jeune pour assurer son patrimoine.

A peine âgé de 14 ans, judicieux, résolu plus qu'on ne l'est à cet âge, M. Emile Charageat s'arracha des bras d'une mère dont il était la joie et la plus chère espérance, partit pour Paris où, avec son intelligence, sa force d'âme, son esprit des affaires et sa persévérance, il a grandi, réparé l'injustice du sort, s'est si bien mis en situation que la renommée y publie ses succès, proclamés dans plusieurs concours

étrangers, et qu'il est devenu un industriel considérable et fort estimé, la personnalité la plus
saillante et la plus honorée de sa commune
natale.

Borné par les communes de Champagnac, de
Saint-Paul, de Marc-la-Tour, de Lagarde et de
Forgès, Saint-Sylvain est à 12 kilomètres d'Argentat, 20 de Tulle; a 749 hectares d'étendue,
7,191 francs de revenu, 515 habitants et 154
électeurs.

———

Les Monographies ont le privilège de s'imposer à l'attention du public. Mon œuvre est
jugée : les personnalités les plus considérables,
des magistrats distingués, des hommes politiques en crédit y ont souscrit, en exprimant en
terme élogieux leur sympathique intérêt.

Cette haute approbation me fait oublier les
insanités de nullités jalouses, les critiques d'esprits stériles qui ne produisent rien et les mur-
mures d'infimes blessés de vérités peu gazées.

Je me sens au-dessus de gens qui ne combat-
tent qu'avec le stylet de la méchanceté et de la
calomnie et continue d'écrire.

Tulle, imprimerie Crauffon 386.

www.ingramcontent.com/pod-product-compliance
Lightning Source LLC
Chambersburg PA
CBHW052057270326
41931CB00012B/2789